Accès à la justice et aux droits des étudiants

Des solutions face à leurs doutes

Les impliqués Éditeur

Structure éditoriale récente fondée par L'Harmattan, Les Impliqués Éditeur a pour ambition de proposer au public des ouvrages de tous horizons, essentiellement dans les domaines des sciences humaines et de la création littéraire.

Déjà parus

Lawson-Hellu (Laté), *Des haïkus pour une déesse. Paroles du quotidien et du divin,* 2022.

Zolty (Alain), *Le bal des marionnettes*, 2022.

Clara (Irène), *Mosaïques de vies réelles et imaginaires,* 2022.

Girouard (Yannick), *Couronne en feu,* 2022.

Racot (Alain), *La Camouflade,* 2022.

Ravage (Jérôme K.), *Les scandaleuses soirées de Sacha,* 2022.

De Saint-Mède (Zachary), *L'Inde sur la scène internationale*, 2022.

Biehler (Jean-Philippe), *Guerre, toujours, encore… (Russie-Ukraine)*, 2022.

Badran (Soha), *Les aventures de Cookie et Patachon. Plongée au cœur de la magie*, 2022.

Ballu (Christine), *Mes petites perles de rosée quotidiennes. Conversations autour d'un balcon*, 2022.

Les impliqués Éditeur

Ces dix derniers titres de ce secteur sont classés par ordre chronologique en commençant par le plus récent.
La liste complète des parutions, avec une courte présentation du contenu des ouvrages, peut être consultée sur le site :
www.lesimpliques.fr

Émile ALBINI UTSHINGA
Cyril EssombaATANGA

Accès à la justice et aux droits des étudiants

Des solutions face à leurs doutes

Essai

Préface de Siham DJEMAH

Les impliqués
Éditeur

5-7, rue de l'École-Polytechnique – 75005 Paris
www.lesimpliques.fr
ISBN : 978-2-38541-018-6
ISBN : 9782385410186

Préface

L'excellence du système éducatif français, la réputation des établissements, des diplômes de haut niveau reconnus sur le plan international justifient cette volonté d'étudier en France. Toutefois, la condition étudiante s'avère être une autre réalité.

Entrer sur le territoire français, séjourner, étudier, travailler, se loger, autant de démarches administratives lourdes auxquelles se heurtent les étudiants qui peuvent mettre à mal la poursuite des études. À cela s'ajoutent les discriminations dont certains étudiants peuvent être victimes dans l'accès à l'emploi, au logement, à la santé mais aussi à l'éducation.

À travers cet ouvrage, vous connaîtrez vos droits et vous pourrez les faire valoir, les revendiquer quand ils sont bafoués. Il ne s'agit pas de vous exposer les différents textes juridiques mais d'apporter des solutions pour vous protéger contre les dérives de certaines administrations auxquelles vous pouvez être confrontés en tant qu'étudiant. *Puis-je contester ma note obtenue à un examen ? Comment puis-je avoir un numéro de Sécurité sociale ? Comment renouveler mon titre de séjour ? Puis-je obtenir un logement ?*

On ne peut ignorer les règles nationales, européennes et internationales. Rappelons l'article 1er de la Constitution de 1958 : « Elle (la France) ***assure l'égalité devant la loi de tous les citoyens*** *sans distinction d'origine, de race ou de religion. Elle respecte toutes les croyances.* » Toutes ces règles sont un rempart pour protéger les droits et les libertés fondamentales de toutes et tous, y compris des étudiants.

Cet ouvrage s'adresse à tous les étudiants. Il a voulu faire entrer le lecteur, en se fondant sur les textes juridiques, dans l'application concrète du droit et des recours pour pallier les difficultés, les inégalités et les injustices que peuvent rencontrer les étudiants, comme disent certains « l'avenir de notre pays ».

« Priver les gens de leurs droits
revient à contester toute leur humanité même »
Nelson Mandela

PARTIE I
La mise en œuvre des droits des étudiants et l'accès à la justice

INTRODUCTION

Il n'existe pas à proprement parler une définition satisfaisante des droits de l'Homme. Cette difficulté revient essentiellement à la variabilité de la notion de droits de l'Homme et à l'importance relative qui lui est accordée, compte tenu des différentes civilisations et circonstances. Les droits de l'Homme se présentent aujourd'hui comme un ensemble cohérent de principes juridiques fondamentaux qui s'appliquent partout dans le monde, tant aux individus, qu'aux peuples et qui ont pour but de protéger la dignité de la personne humaine[1].

Autrement dit, les droits de l'Homme sont un ensemble de droits qui conditionnent à la fois la liberté de l'Homme, sa dignité et l'épanouissement de sa personnalité. Les droits de l'Homme sont des droits fondamentaux, indivisibles, universels, liés à la personne humaine et sa dignité et ce, dès sa naissance, jusqu'à sa mort. Ces droits traitent de l'intégrité physique, la liberté intellectuelle, la sûreté et la protection de la vie personnelle[2].

Les droits de l'Homme sont issus de la déclaration universelle des droits de l'homme du 10 décembre 1948 et de deux pactes civils relatifs aux droits civiques et politiques et aux droits sociaux, économiques et culturels

[1] Gueldich, H., *Cours de droits de l'homme*, Université de Carthage, Faculté des sciences juridiques, politiques et sociales, République tunisienne, 3ème année, année universitaire 2018-2019, p. 4.
[2] Ibidem

du 16 décembre 1966. Ces textes de portée internationale, adoptés sous l'égide de l'organisation des Nations unies connaissent, aujourd'hui, une influence assez particulière en matière de protection des droits de l'homme au sein des États ayant ratifié ces textes.

L'universalité des droits de l'Homme permet d'appliquer, entre autres, les mêmes droits proclamés au sein de tous les États, ce qui tendrait vers la mondialisation de ces droits. Ce processus d'application connaît certaines difficultés en raison de l'absence de valeur juridique contraignante de la Déclaration universelle des droits de l'homme. La protection des droits de l'homme devient un sujet préoccupant pour les États, notamment la France avec la Déclaration des droits de l'homme et du citoyen du 26 août 1789. Les États ont inclus la protection des droits fondamentaux dans leurs textes juridiques afin de l'adapter par rapport au contexte culturel et politique de chaque État.

La protection des droits de l'Homme touche un certain nombre de personnes, notamment les personnes physiques et morales. La prise en compte des droits des personnes morales est un sujet complexe et de nature à évoluer, et qui ne sera pas abordé dans ce guide. Cependant, les personnes physiques sont destinées à réclamer leurs droits dans le but de sauvegarder la dignité humaine. Il existe des droits-libertés qui offrent aux individus une certaine autonomie et la possibilité d'agir sans soumission[3], par exemple le droit

[3] https://www.vie-publique.fr/fiches/23866-quels-sont-les-differents-types-de-droits-des-

à la vie ; il existe également des droits-créances qui impliquent une intervention positive, c'est-à-dire une prestation positive de la part de l'État[4], par exemple le droit à la prestation sociale.

Rappelons que la protection de ces droits peut être protégée par la Constitution des États, des lois, des traités, notamment la convention européenne des droits de l'homme, la charte des droits fondamentaux de l'Union européenne, la convention internationale des droits de l'enfance, la convention internationale sur l'élimination de toutes les formes de discrimination raciale, la convention de Genève relative au statut des réfugiés.

La France a signé et ratifié plusieurs textes internationaux afin d'assurer la protection des droits de ses citoyens ainsi que des étrangers se trouvant sur le territoire français. À ce jour, la protection des droits des étudiants devient un sujet préoccupant, car ces derniers représentent la future génération des États. Chaque année, la France accueille près de 365 000 étudiants étrangers d'après les statistiques de Campus France en 2021-2022, soit 1 634 200 étudiants (nationaux et étrangers) sont inscrits en université d'après le ministère de l'Enseignement supérieur et de la Recherche en 2021-2022. L'existence des textes juridiques en matière

citoyens#:~:text=Les%20droitslibert%C3%A9s%20(droits%20de,possibilit%C3%A9%20d'agir%20sans%20soumission

[4] https://www.vie-publique.fr/fiches/23866-quels-sont-les-differents-types-de-droits-des-citoyens#:~:text=Les%20droits%2Dcr%C3%A9ances%20(droits%20de%20seconde%20g%C3%A9n%C3%A9ration)&text=Il% 20s'agit%20de%20droits,Constitution%20du%2027%20octobre%201946.

de protection des droits de l'Homme n'exclut pas une difficulté d'accès aux droits de l'homme par les étudiants dans la pratique. De ce fait, les revendications des étudiants nationaux tant qu'internationaux en France ne cessent de croître.

De plus, une difficulté d'accès à la justice se conçoit souvent par la complexité des procédures à suivre devant le juge administratif ou judiciaire. Ainsi, les victimes de ces violations ne sont guère épargnées chaque fois qu'elles sont dans l'incapacité de cerner tous les moyens de recours possibles que prévoient les lois françaises. Ce constat ne laisse les Français indifférents, car interrogés sur leur perception (et non leur expérience) de l'accès au droit et à la justice en France, plus des trois quarts (77 %) des Français ont le sentiment que les libertés publiques et individuelles et plus largement leurs droits fondamentaux ont eu plutôt tendance à reculer ces dernières années[5].

Et un peu plus des deux tiers (69 %) estiment que l'accès au droit est devenu plus difficile en France[6]. De plus, les délais de la justice pour rendre ses décisions arrivent en tête des obstacles qui, selon les personnes interrogées, freinent l'accès à la justice, devant le coût pour les justiciables, le manque d'accès aux informations juridiques et la difficulté pour accéder physiquement aux juridictions[7]. Malgré cette difficulté d'accès à la justice et aux droits, rares sont les étudiants qui arrivent à saisir le juge administratif ou

[5] https://www.gazette-du-palais.fr/actualites-professionnelles/acces-au-droit-et-a-la-justice-ce-quen-pensent-les-francais/

[6] Ibidem

[7] Ibid

judiciaire en vue de faire valoir leurs droits. C'est le cas d'un étudiant en droit de l'université d'Orléans qui a saisi le tribunal administratif d'Orléans pour dénoncer la notation de l'une de ses copies qu'il estimait injuste. Sa licence n'a pas été validée. Le tribunal a suspendu cette décision[8].

On estime que la difficulté de la gestion administrative est parfois génératrice de certaines violations dont la complexité des démarches, les difficultés d'accès, les problèmes techniques. De plus, l'adaptabilité des services publics génère souvent des difficultés d'application dont les répercussions reposent sur les étudiants, telles que la dématérialisation de demande des titres de séjour, l'enseignement à distance pendant le confinement, l'augmentation des frais universitaires pour les étudiants internationaux. D'où l'on constate une recrudescence de la difficulté d'accès à la justice et aux droits des étudiants. Ce constat serait ainsi développé par la prise en compte des textes en matière de protection des droits de l'homme, en l'occurrence, des étudiants en France (CHAPITRE I) ainsi que par les moyens de recours mis en œuvre par le législateur afin de permettre la saisine du juge en cas de violation des textes juridiques en vigueur (CHAPITRE II) au travers des contentieux ou litiges qui naissent.

[8] https://www.larep.fr/orleans-45000/actualites/un-etudiant-en-droit-denonce-la-notation-de-l-universite-et-obtient-gain-de-cause-au-tribunal-d-orleans_13993815/

CHAPITRE I
Le cadre juridique de protection des droits des étudiants en France

En France, les droits de l'Homme ont été proclamés par la Déclaration des droits de l'homme et du citoyen du 26 août 1789, l'un des textes novateurs des Français. Aujourd'hui, on enregistre une multitude de textes protégeant les droits des citoyens français et des étrangers en France, en l'occurrence, des étudiants. La Constitution du 4 octobre 1958 est constituée du préambule de la Constitution de 1946, de la Déclaration des droits de l'homme et du citoyen de 1789, de la charte de l'environnement de 2005, des principes fondamentaux reconnus par les lois de la République, des principes à valeur constitutionnelle (liberté d'aller et de venir, continuité du service public[9]) et des objectifs à valeur constitutionnelle, tous dégagés ou identifiés par le Conseil constitutionnel.

La protection des droits des étudiants est encadrée par une multitude des textes tant nationaux qu'internationaux, notamment des lois, des traités dûment ratifiés[10], règlements administratifs, des décisions administratives, des actes individuels (SECTION I). L'application de ces textes génère parfois une mise en œuvre différente de

[9] PAUVERT, B., LATOUR, X., *Libertés publiques et droits fondamentaux*, 5ème édition, Studyrama, Levallois-Perret, 2014, p. 69.
[10] Article 53 de la Constitution du 4 octobre 1958

l'esprit du législateur, soit une mauvaise interprétation ou encore un excès de pouvoir de la part de l'administration (SECTION II). L'on déduit, à cet effet, que la théorie se diffère de la pratique.

SECTION I : UNE MULTITUDE DE TEXTES NATIONAUX ET INTERNATIONAUX DE PROTECTION DES DROITS DES ÉTUDIANTS

Il existe en France des textes nationaux et internationaux qui s'appliquent en matière de protection des droits de l'Homme. Leur effectivité dépend de leur mise en œuvre par les autorités administratives. En effet, l'existence de ces textes sous-entend une certaine prise en compte des droits de l'homme en France, en l'occurrence, des droits des étudiants. Cependant, la diversité et la complexité des droits et libertés fondamentaux ne permettent pas parfois à ces derniers de les défendre ; cette situation occasionne des violations qualifiées d'inconscientes causées, soit par ou aux étudiants, soit par l'administration, desquelles certains étudiants ressortent victimes. Les juges administratif et judiciaire sont tenus d'assurer la protection des droits et libertés fondamentaux par le biais des recours contentieux.

Aujourd'hui, on enregistre plus de cinq cents droits et libertés fondamentaux protégés par les textes juridiques adoptés ou ratifiés par la France. Parmi ces droits et libertés fondamentaux, plusieurs se rapprochent des droits dont les étudiants jouissent dans le milieu universitaire ainsi que dans la vie en société. Plus de deux cents textes juridiques nationaux et internationaux protègent les droits de l'Homme dont certains s'appliquent de manière continue dans le milieu universitaire, c'est le cas de la Convention européenne des droits de l'homme, du Code de l'éducation, du Code des relations entre le public et l'administration.

§1. L'EXISTENCE DES TEXTES JURIDIQUES PROTÉGEANT LES DROITS DES ÉTUDIANTS AU NIVEAU INTERNATIONAL

Par textes internationaux relatifs aux droits de l'homme, on désigne tous les textes ratifiés ou approuvés par la France au niveau international, régional ou par accord bilatéral aux termes des articles 52 et 53 de la Constitution du 4 octobre 1958. Il s'agit par exemple de la Déclaration universelle des droits de l'homme et ses deux pactes, de la Convention européenne des droits de l'homme de 1950, de la Charte des droits fondamentaux de l'Union européenne du 7 décembre 2000, de la Convention internationale sur l'élimination de toutes les formes de discrimination raciale de 1969, de la Convention de Genève relative au statut des réfugiés de 1951, etc.

Ces textes internationaux protégeant les droits de l'Homme s'appliquent également dans le milieu universitaire. Certains s'appliquent expressément dans des situations complexes auxquelles les étudiants peuvent être confrontés dans le milieu universitaire en France, notamment la liberté d'égalité ou le droit à l'éducation. Quant au droit à l'éducation, l'article 26 de la Déclaration universelle des droits de l'homme dispose : « Toute personne a droit à l'éducation (…) ; l'accès aux études supérieures doit être ouvert en pleine égalité à tous en fonction de leur mérite. » ; l'article 14 de la Charte des droits fondamentaux de l'Union européenne dispose : « Toute personne a droit à l'éducation, ainsi qu'à l'accès à la formation professionnelle et continue. »

La réalisation et l'intégration de ce droit reviennent à l'administration et au législateur, aux termes de l'article 34 de la Constitution du 4 octobre 1958. De plus, le Conseil constitutionnel est parfois amené à exercer un contrôle de conventionalité, c'est-à-dire vérifier la conformité des lois au regard des textes internationaux. Certains organes internationaux assurent également le respect de ces textes au niveau international, des organes compétents des Nations unies, en l'occurrence, la Commission des droits de l'homme et la Cour internationale de justice. Tous ces mécanismes internationaux permettent de protéger les droits de l'homme ainsi que leur effectivité.

Malgré la multitude de textes internationaux en matière de protection des droits de l'Homme, quelques-uns retiennent notre attention. Ainsi, ces textes sont susceptibles d'être appliqués dans le milieu universitaire.

A. La Déclaration universelle des droits de l'homme du 10 décembre 1948 et ses deux pactes de 1966

Cette déclaration est dépourvue de valeur juridique contraignante, mais plusieurs textes internationaux s'en inspirent. Cela valorise sa portée normative et son existence au niveau international. Par ailleurs, les pactes internationaux relatifs aux droits de l'Homme sont dotés de valeur juridique contraignante et sont obligatoires vis-à-vis des États. Cette complémentarité permet de donner une force juridique aux droits proclamés par la Déclaration universelle des droits de l'homme (DUDH). Ils renvoient au Pacte international relatif aux droits civils et politiques et au Pacte international relatif aux droits économiques, sociaux et culturels[11]. La Déclaration universelle des droits de l'homme contient trente articles dont certains sont susceptibles d'être appliqués dans le milieu universitaire, notamment les articles 3 (droit à la vie, à la liberté et à la sûreté), 8 (droit à un recours effectif devant les juridictions nationales), 12 (droit à la vie privée, à la vie familiale, à son domicile, son honneur, sa réputation), 13 (droit de circuler librement, de choisir sa résidence à l'intérieur d'un État), 14 (droit d'asile), 15 (droit à la nationalité), 16 (droit au mariage), 17 (droit à la propriété), 18 (droit à la liberté de conscience, de pensée et de religion), 19 (droit à la liberté d'expression, d'opinion), 20 (droit à la liberté de réunion et d'association pacifiques), 22 (droit à la sécurité sociale), 23 (droit au travail), 26 (droit à l'éducation), 25 (droit à la

[11] Gueldich, H., *Cours de droits de l'homme*, Université de Carthage, Faculté des sciences juridiques, politiques et sociales, République tunisienne, 3ème année, année universitaire 2018-2019, p. 5.

santé, à l'alimentation, au logement, à la protection sociale). Il faut noter que ces droits peuvent être limités pour sauvegarder l'ordre public. Par exemple, les étudiants étrangers ont le droit de travailler, mais dans la limite de 964 heures, soit 60 % de la durée du travail par an[12].

B. *La convention européenne de sauvegarde des droits de l'homme et des libertés fondamentales du 4 novembre 1950*

Cette convention a été ratifiée par la France et contient cinquante-neuf articles ; elle a une valeur juridique contraignante à la différence de la Déclaration universelle des droits de l'homme. Les textes relatifs aux droits de l'homme au niveau européen ont été élaborés sous l'égide du Conseil de l'Europe avec ladite convention et de l'Union européenne avec la charte des droits fondamentaux de l'Union européenne. En effet, la Convention européenne des droits de l'homme de 1950 a pour objectif d'assurer la protection des droits de l'homme au niveau européen et d'orienter les lois internes des États européens dans la sauvegarde des droits de l'homme. Un certain nombre de droits contenus dans la Convention européenne des droits de l'homme sont susceptibles d'être appliqués dans le milieu universitaire ; c'est le cas des articles 2 (droit à la vie), 5 (droit à la liberté), 6 (droit à un procès équitable), 7 (droit à la vie privée et familiale), 9 (liberté de pensée, de conscience, de religion), 10 (liberté d'expression), 11

---

[12] Article L 422-1 alinéa 3 du Code de l'entrée et du séjour des étrangers et du droit d'asile.

(liberté de réunion et d'association), 12 (droit au mariage), 13 (droit à un recours effectif), 14 (interdiction de discrimination). La protection de cette convention est assurée par la Cour européenne des droits de l'homme qui assure son interprétation et effectivité.

C. La Charte des droits fondamentaux de l'Union européenne du 7 décembre 2000

Cette charte a été ratifiée par la France sous l'égide de l'Union européenne à la différence de la Convention européenne des droits de l'homme qui a été ratifiée sous l'égide du Conseil de l'Europe. En effet, cette charte a également une valeur juridique contraignante et s'oppose aux États. La Cour de justice de l'Union européenne garantit son application et assure l'interprétation de ses dispositions et les États sont amenés à assurer sa mise en œuvre. L'inapplication des décisions de ces institutions implique une responsabilité des États ayant refusé d'appliquer ces textes ayant une valeur juridique contraignante. Ainsi, les décisions de la Cour de justice de l'Union européenne ainsi que de la Cour européenne des droits de l'homme sont obligatoires et exécutoires et leur application s'avère immédiate. S'agissant des articles de la Charte des droits fondamentaux de l'Union européenne qui sont susceptibles de protéger les droits des étudiants, on peut citer : les articles 2 (droit à la vie), 6 (droit à la liberté et à la sûreté), 7 (droit à la vie privée et familiale), 8 (droit à la protection des données à caractère personnel : toute personne a le droit d'accéder aux données collectées la concernant et d'en obtenir la rectification), 9 (droit de se marier et de fonder une famille), 10 (liberté de pensée, de conscience et de religion), 11 (liberté d'expression et d'information), 12 (liberté de réunion et d'association), 14 (droit à l'éducation), 15 (liberté professionnelle et droit de travailler), 16 (liberté d'entreprise), 17 (droit de propriété), 18 (droit d'asile), 19 (droit de protection en cas d'éloignement, d'expulsion et d'extradition : les expulsions collectives sont interdites, c'est-à-dire des expulsions de masse sans examen raisonnable et objectif de la situation de chacun des étrangers qui forment le groupe, arrêt de la Cour européenne des droits de l'homme dans l'affaire Khlaifia et autres C. Italie du 1er septembre 2015) ; nul ne peut être éloigné (…) vers un État où il existe un risque sérieux qu'il soit soumis à la peine de mort, à la torture ou à d'autres peines ou traitements inhumains ou dégradants), 20 (droit à l'égalité en droit : toutes les personnes sont égales en droit), 21 (droit à la non-discrimination), 23 (droit à l'égalité entre femmes et hommes), 26 (droit à l'intégration des personnes handicapées), 33 (droit à la vie familiale), 34 (droit à la sécurité sociale et aide sociale), 35 (droit à la protection de la santé), 45 (droit à la liberté de circulation et de séjour), 47 (droit à un recours effectif et à accéder à un tribunal impartial), 48 (droit à la présomption d'innocence et droits de la défense).

D. *Convention internationale sur l'élimination de toutes les formes de discrimination raciale du 21 décembre 1965*

L'article 1 de cette convention définit l'expression « discrimination raciale » comme toute distinction, exclusion, restriction ou préférence fondée sur la race, la couleur, l'ascendance ou l'origine nationale ou ethnique, qui a pour but ou pour effet de détruire ou de compromettre la reconnaissance, la jouissance ou l'exercice, dans des conditions d'égalité, des droits de l'homme et des libertés fondamentales dans les domaines politique, économique, social et culturel ou dans tout autre domaine de la vie publique. Les États ont le libre choix de renforcer des mesures contraignantes pour empêcher l'exercice de toute sorte de discrimination raciale, en l'occurrence à l'égard des étudiants en France[13]. L'article 5 de cette convention garantit également le droit au logement, à la santé, à la sécurité sociale, aux services sociaux, à l'éducation, à la propriété, à une nationalité, d'option et d'expression. Tous ces droits ne peuvent faire objet d'aucune discrimination raciale.

§2. L'IMPLICATION DU LÉGISLATEUR DANS L'APPLICATION DES TEXTES JURIDIQUES PROTÉGEANT LES DROITS DES ÉTUDIANTS AU NIVEAU NATIONAL

L'article 34 de la Constitution du 4 octobre dispose : « La loi fixe les règles concernant : - les droits civiques et les garanties fondamentales accordés aux citoyens pour l'exercice des libertés publiques (…) »[14]. Le terme « citoyen » désigne toute personne jouissant, dans l'État dont elle relève, des droits civils et politiques, et notamment

[13] Articles 225-1 à 225-4 du Code pénal du 1er mars 1994

[14] Article 34 point 1 de la Constitution du 4 octobre 1958

du droit de vote (par opposition aux étrangers)[15]. Néanmoins, l'article 1 de la Déclaration universelle des droits de l'homme et du citoyen dispose que « les hommes naissent et demeurent libres et égaux en droits » ; l'article 6 dispose que « la loi est la même pour tous ». Ce qui veut donc dire que les étrangers bénéficient également des mêmes droits consacrés par le législateur sauf certains droits réservés aux citoyens, notamment les droits politiques, comme le droit de vote, droit d'éligibilité aux élections, droit de participer à la vie politique de l'État, droit d'accès à la fonction publique de l'État. Ainsi, les droits de l'Homme en l'occurrence, des étudiants, sont consacrés par le législateur par le biais des lois au sens large, c'est-à-dire la Constitution et les lois. D'aucuns estiment que les règlements administratifs sont aussi créateurs des droits, notamment les nominations, les délibérations du jury, les décisions d'admission. Aujourd'hui, on enregistre un certain nombre de textes juridiques au niveau national qui protègent les droits de l'homme, en l'occurrence, des étudiants. Il s'agit de :

A. Le bloc de constitutionnalité

La Constitution du 4 octobre 1958, le préambule de la Constitution du 27 octobre 1946, la Déclaration des droits de l'homme et du citoyen du 26 août 1789, les principes fondamentaux reconnus par les lois de la République, principes à valeur constitutionnelle, les objectifs à valeur

[15] https://www.larousse.fr/dictionnaires/francais/citoyen/16241, consulté le 20/08/2022 à 15:36

constitutionnelle, la Charte de l'environnement du 28 février 2005 : le bloc de constitutionnalité renvoie à plusieurs textes juridiques au niveau national de portée générale et à valeur contraignante. Les étudiants peuvent se prévaloir des droits prévus dans ces textes afin de faire valoir leurs droits auprès des autorités administratives et politiques. Le Conseil constitutionnel assure la protection de tous les textes à valeur constitutionnelle, dont le bloc de constitutionnalité, à chaque fois que le législateur viole les dispositions de ces présents textes. Un certain nombre de droits sont protégés par ces textes, il s'agit de : droit à la liberté, de propriété, à la sûreté, la liberté de pensée, d'opinion, l'égalité hommes-femmes, la liberté d'aller et de venir.

B. La charte de l'environnement du 26 février 2005

Cette charte faisant partie du bloc de constitutionnalité garantit des droits fondamentaux à valeur constitutionnelle. Tout étudiant peut s'en prévaloir pour réclamer ses droits affectés par une décision administrative ou législative et susceptible de porter atteinte à l'environnement. Parmi ces droits, on peut citer l'article 1 de la charte qui garantit le droit de vivre dans un environnement équilibré et favorable à sa santé. Ainsi, l'effectivité du droit au logement doit prendre en compte le droit de vivre dans un environnement équilibré et favorable à sa santé. Les droits étant interdépendants, si l'on estime être victime d'une atteinte de ses droits, il est donc possible d'évoquer en surplus la violation des droits qui sont attachés au droit violé.

C. Autres textes juridiques au niveau national

Code pénal : droit à la vie prévu aux articles 221-1 à 221-7 ; droit à la protection de l'image prévu aux articles 226-1 à 226-3 et 226-6) ; droit à la protection contre l'usurpation d'identité prévu à l'article 226-4-1 ; droit à la protection de la vie privée prévu aux articles 226-1 à 226-7, droit à la non-discrimination prévu à l'article 225-1,

Code de la santé publique : droit à la santé prévu aux articles L 1110-1, L 1110-3 et L 1110-5,

Code civil : droit au respect de la vie privée prévu à l'article 9, droit de se marier et de fonder une famille prévu à l'article 143 à 164, droit à l'égalité des droits prévu à l'article 11 : les étrangers jouissent des mêmes droits civils que ceux qui sont accordés aux Français, droit d'acquisition de la nationalité prévu aux articles 18, 18-1, 19, 19-1, 19-2,19-3, 21, 21-1, 21-2, 21-17, 21-18, 21-19, 21-20, 21-22, 21-23, droit de propriété prévu aux articles 544 à 546,

Code de la sécurité intérieure : droit à la sécurité prévu aux articles L 111-1 et L 112-2, droit à la liberté de manifester prévu aux articles L 211-1 à L 211-16,

Code de l'entrée et du séjour des étrangers et du droit d'asile : droit au séjour ; droit à l'entrée, droit à l'asile ; droit des citoyens européens, droit au regroupement familial,

Code de l'éducation : droit à l'éducation prévu à l'article L 141-6, droit à la liberté d'enseignement prévu aux articles L 151-1, L 151-2 et L 151-6,

Code de la propriété intellectuelle : droit à la création prévu à l'article L 111-1, Loi du 1er juillet 1901 relative au contrat d'association : droit à la liberté d'association prévu aux articles 1, 2 et 5,

Code des relations entre le public et l'administration : droit de communication des documents administratifs prévu aux articles L 311-2 et L 342-1 ; droit de former des recours administratifs prévu à l'article L 411-1,

Code de procédure civile : droit au recours prévu aux articles 14 et 15, Loi n° 91-647 du 10 juillet relative à l'aide juridique : droit d'accès à l'aide juridictionnelle prévu aux articles 2, 3, 4 (le demandeur à l'aide juridictionnelle doit justifier, pour l'année, que ses ressources mensuelles sont inférieures à 1000 euros pour l'aide juridictionnelle totale et à 1500 euros pour l'aide juridictionnelle partielle), 6, 9, 10, 12, 13, 14, 18,

Code de la consommation : droit à la protection du consommateur prévu aux articles L 111-1, L 112-1, L 121-8, L 121-9, L 121-10, L 121-11, L 121-16,

Code de la sécurité sociale : droit à la sécurité sociale prévu à l'article L 111-1,

Code de l'action sociale et des familles : droit à l'aide sociale prévu à l'article L 111-2, Code de la construction et de l'habitation : droit à l'aide au logement ou au logement prévu aux articles L 300-1 et L 301-1, etc. Il existe d'autres droits et libertés au niveau national qui protègent les droits des étudiants. Cette multitude de droits et libertés devient de plus en plus complexe en raison du foisonnement des lois que les étudiants n'arrivent pas à maîtriser ou dont ils ne parviennent pas à comprendre la portée dans un temps réduit. Ainsi, certains étudiants étrangers ignorants des lois existantes sont parfois victimes d'obligation de quitter le territoire français, ou encore ne bénéficient pas de tous les droits sociaux qui leur sont offerts. Ce constat est clairement le résultat d'un ensemble de témoignages des étudiants que nous avons recueillis.

SECTION II : CONTEXTE PRATIQUE DE PROTECTION DES DROITS ET LIBERTÉS FONDAMENTAUX DES ÉTUDIANTS EN FRANCE

Selon la note d'information du système d'information et études statistiques, SIES en sigle, la France compte 1,65 million d'étudiants inscrits dans les universités françaises en 2020-2021[16]. Néanmoins, on estime que plusieurs d'entre eux sont victimes d'atteinte aux droits humains. Aujourd'hui, on ignore les difficultés que rencontrent les étudiants pour faire valoir leurs droits au cours de l'année universitaire, soit au cours de leur cursus. Les revendications autour de la sélection des masters en constituent une des illustrations, car le droit à l'éducation est entre autres remis en cause par les étudiants dès lors que son effectivité n'est pas assez prise en compte par les universités. Aux termes de l'article 37 de la Constitution, l'intervention du pouvoir réglementaire serait une des solutions pour pallier ce problème.

D'où la nécessité d'assurer l'exécution du décret n° 2021-629 du 19 mai 2021 modifiant les conditions dans lesquelles les titulaires du diplôme national de licence non admis en première année d'une formation de leur choix conduisant au diplôme national de master se voient proposer l'inscription dans une formation du deuxième

[16] https://www.enseignementsup-recherche.gouv.fr/fr/les-etudiants-inscrits-dans-les-universites-francaises-en-2020-2021 82342# : ~ :text=En%202020%2D2021%2C%201%20650, %C3%A9l%C3%A8ve%20%C3%A0%201%20696%20000, consulté le 21/08/2022 à 14 : 47'.

cycle. Nous invitons donc les étudiants non admis en master à appuyer leurs arguments sur le fondement des dispositions du décret précité et du Code de l'éducation. De plus, un autre décret fixe la liste limitative des formations dans lesquelles l'admission en seconde année du deuxième cycle conduisant au diplôme national de master peut dépendre des capacités d'accueil des établissements et, éventuellement, être subordonnée au succès à un concours ou à l'examen du dossier du candidat[17]. Ce qui signifie simplement que l'admission en Master 2 n'est pas de droit pour certaines formations et dépend de plusieurs facteurs, notamment les capacités d'accueil, la réussite au concours ou la qualité du dossier. Ce décret s'applique pour l'année 2021-2022.

En effet, le constat sur la connaissance et la sensibilisation des droits de l'Homme reste quand même sujet à débat dans le milieu universitaire. Plusieurs étudiants ignorent les moyens de recours prévus par les lois pour demander l'annulation des décisions administratives illégales ou irrégulières devant le juge. L'ignorance et la passivité des étudiants sont ainsi les causes des atteintes répétitives. La machine judiciaire ne saurait fonctionner en l'absence d'exercice du droit au recours par les étudiants.

Pour rendre pratique ce guide d'accès à la justice et aux droits, nous avons mené une petite enquête afin de vérifier nos hypothèses autour d'un échantillon de 50 étudiants en France. Voici les résultats :

---

[17] Décret n° 2021-719 du 4 juin 2021 modifiant le décret n° 2016-672 du 25 mai 2016 relatif au diplôme national de master.

Avez-vous déjà été victime d'une atteinte de vos droits dans le cadre de vos études ?

Copier

44 réponses

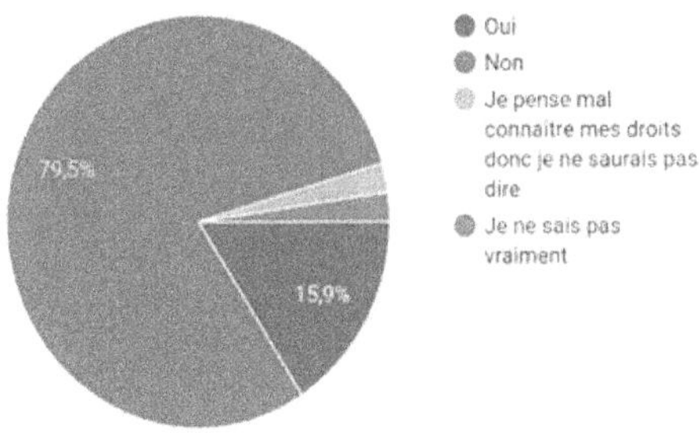

Connaissez-vous les différents recours prévus par la loi en cas de violation d'un droit ?

Copier

44 réponses

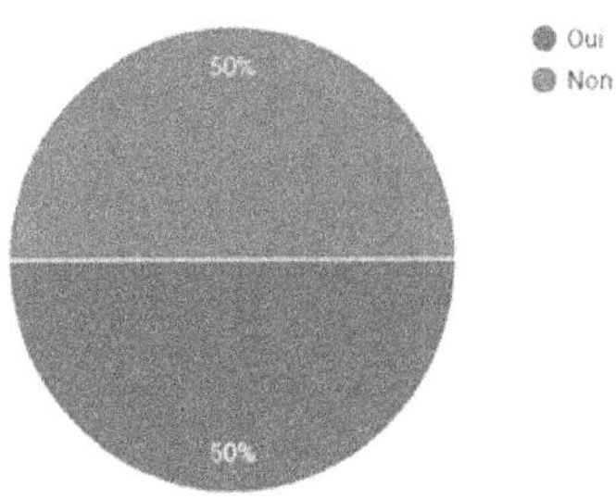

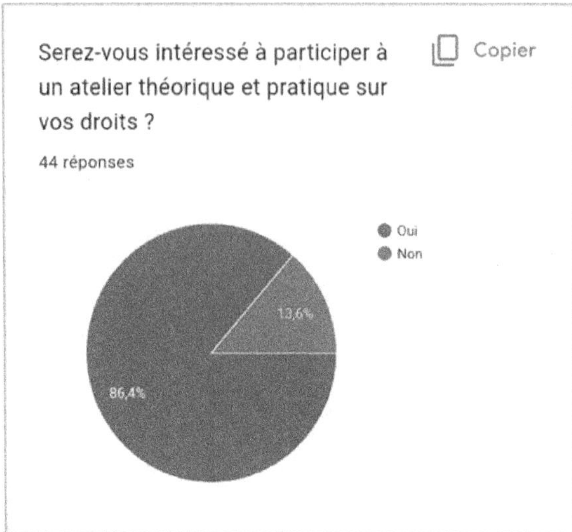
Serez-vous intéressé à participer à un atelier théorique et pratique sur vos droits ?
Copier
44 réponses
Oui
Non
13,6%
86,4%

Avez-vous déjà entendu parler de la déclaration universelle des droits de l'homme ?
Copier
43 réponses
Oui
Non
7%
93%

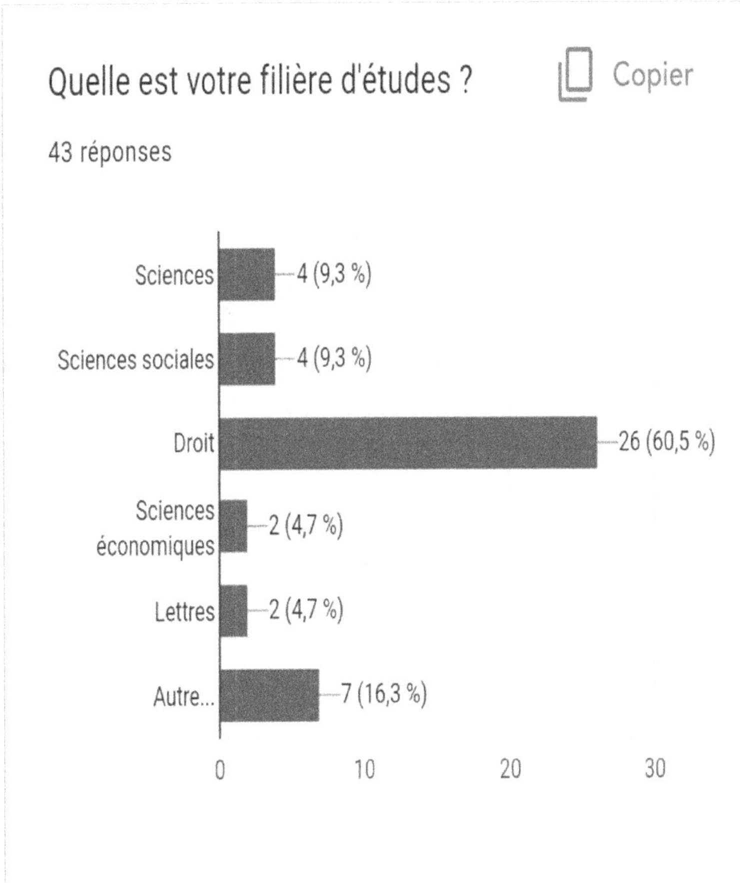

D'après ces statistiques, vous remarquerez que les étudiants en droit sont majoritaires. Malgré cela, tous ces étudiants admettent qu'un atelier sur l'accès aux droits de l'homme s'avère nécessaire. Le constat est que les étudiants connaissent la Déclaration universelle des droits de l'homme, mais ils ignorent son contenu. Voici quelques témoignages des étudiants victimes :

§1. QUELQUES TÉMOIGNAGES RECUEILLIS DES ÉTUDIANTS VICTIMES

A. Témoignage sur la liberté de religion et de conscience

Une étudiante m'a contacté sur Messenger et me relate : « J'ai une connaissance avec qui j'étais à la fac de droit en licence 1. Sa prof d'anglais l'avait empêchée de venir en TD avec son voile et l'a humiliée devant tout le monde. Au deuxième TD, elle était assise et la prof est venue, l'a regardée de travers puis lui a demandé de sortir et lui a dit qu'elle ne voulait pas de voile dans son TD. Elle n'est plus jamais retournée en TD d'anglais. »

B. Témoignage sur le droit à l'éducation

Une étudiante m'a contacté sur LinkedIn pour me faire part de sa situation. Elle me raconte : « Dans mon ancienne fac, on n'émargeait pas. On faisait passer nos cartes étudiantes et une personne signait pour nous. Mais les erreurs peuvent arriver. On a perdu ma copie entre la salle de partiels et le secrétariat, comment prouver que j'étais là sans avoir émargé ? Ils ont vu que j'étais présente sur la feuille, donc ouf je n'allais pas être défaillante. Ils voulaient me mettre un zéro cependant, car ils avaient perdu ma copie. On n'émargeait pas nous-mêmes, et si on perd notre copie, c'était zéro. »

C. *Témoignage sur le droit au travail*

Il s'agit du témoignage d'un étudiant, posté sur un forum, qui a attiré mon attention : « Bonjour, s'il vous plaît je rencontre un gros problème, j'ai enfin trouvé un emploi étudiant (CDI à temps partiel 20 h par semaine), mais apparemment le comptable de l'employeur lui a dit que la durée maximale par semaine pour un étudiant étranger est de 18 h. Du coup, l'employeur, pour éviter de prendre des risques, a refusé de signer le CDI, est-ce que qu'il y a une solution ? On m'a dit qu'il est possible de faire un CDI de 18 h et un avenant pour faire des heures complémentaires, est-il vraiment possible ? J'attends votre réponse avec impatience. »

D. *Témoignage sur le droit au séjour et au respect de la vie privée et familiale*

Il s'agit d'un témoignant qui concerne un étudiant, posté sur un forum : « Bonjour, je me permets de vous contacter, car je suis dans une situation délicate s'il vous plaît. Mon mari a reçu cette après-midi une OQTF pour un 4ème renouvellement de titre de séjour étudiant sachant qu'il n'a raté aucune année d'étude. Il a fait deux masters 2 techniques et deux fonctionnels (Management). Moi, je suis salariée en CDI et j'ai une carte de séjour d'un an sachant que je suis enceinte de 4 mois. Est-ce qu'il y a un moyen de régulariser sa situation ? Si oui, par quel moyen ? peut-il déposer un dossier de regroupement familial avec une OQTF s'il vous plaît ? »

E. *Témoignage sur le droit à un logement décent*

Une étudiante avec qui j'ai discuté par téléphone m'a raconté :

« J'ai vu les punaises dans ma chambre et j'ai déclaré au secrétariat. Ils sont venus et on a fait des traitements, mais le problème persistait parce qu'il y avait des moquettes. Ils ont changé mon lit en bois en un lit en fer. Le problème persistait toujours. J'ai demandé qu'on me change et ils ont refusé ; ils ont dit que je vais traîner des puces dans d'autres logements. Ensuite, je suis allé sur internet et j'ai trouvé un logement dans une résidence privée, car j'avais déjà tous les documents nécessaires sauf le garant, car les résidences privées ne prennent pas VISALE. Ils m'ont demandé la garantie GARANTME qui coûte près de 200 euros non remboursables pour toute l'année. »

Ces témoignages ne révèlent pas que tous les étudiants traversent des situations difficiles sur le territoire français. Néanmoins, la sauvegarde des droits des étudiants n'est pas encore totalement effective. À cet effet, il est utile de le rappeler afin de permettre au gouvernement français de prendre des mesures urgentes pour pallier ce problème. Les étudiants représentent l'avenir d'une nation ; il est donc nécessaire de renforcer les mécanismes de protection des droits de l'homme par le biais du défenseur des droits et autres associations comme Human Rights' Pro, association dont je suis le président. Human Rights' Pro travaille sur la proactivité des étudiants dans la protection de leurs droits reconnus par des textes nationaux et internationaux ; elle permet aux étudiants de connaître tous les mécanismes matériels et formels de protection des droits fondamentaux.

§2. L'ANALYSE DES DROITS ET LIBERTÉS FONDAMENTAUX DES ÉTUDIANTS PROTÉGÉS PAR DES TEXTES JURIDIQUES NATIONAUX ET INTERNATIONAUX

Au regard des textes précédemment évoqués, nous remarquons que les étudiants ont accès à plusieurs droits dont ils peuvent se prévaloir. Cependant, nous n'analyserons qu'une partie de ces droits et libertés fondamentaux dont bénéficient les étudiants. Cette analyse portera sur les textes juridiques nationaux et internationaux ainsi que sur les décisions de justice qui viennent interpréter les textes.

A. *Le droit au séjour des étudiants étrangers et des Européens*

1. *Le droit au séjour des étudiants étrangers*

Le séjour des étudiants étrangers est régi par le Code de l'entrée et du séjour des étrangers et du droit d'asile. L'entrée des étudiants étrangers est conditionnée par l'obtention d'un visa long séjour valant titre de séjour (VLTS) qui doit être validé sur le site du ministère de l'Intérieur : https://administration-etrangers-en-france.interieur.gouv.fr/particuliers/#/

Cette validation doit être effectuée dans un délai de 3 mois à compter de la date d'entrée en France. La première demande du titre de séjour doit être effectuée entre 4 et 2 mois avant l'expiration du visa.

La démarche s'effectue sur le site du ministère de l'Intérieur :
https://administration-etrangers-en-france.interieur.gouv.fr/particuliers/#/

L'article L 422-1 du Code de l'entrée et du séjour des étrangers et du droit d'asile dispose : « L'étranger qui établit qu'il suit un enseignement en France ou qu'il y fait des études et qui justifie disposer de moyens d'existence suffisants se voit délivrer une carte de séjour temporaire portant la mention "étudiant" d'une durée inférieure ou égale à un an.

En cas de nécessité liée au déroulement des études ou lorsque l'étranger a suivi sans interruption une scolarité en France depuis l'âge de seize ans et y poursuit des études supérieures, l'autorité administrative peut accorder cette carte de séjour sous réserve d'une entrée régulière en France et sans que soit opposable la condition prévue à l'article L. 412-1[18]. »

Cette carte donne droit à l'exercice, à titre accessoire, d'une activité professionnelle salariée dans la limite de 60 % de la durée de travail annuelle[19]. Sauf les étudiants algériens qui ont l'obligation de travailler 50 % de la durée

---

[18] Sous réserve des engagements internationaux de la France et des exceptions prévues aux articles L. 412-2 et L. 412-3, la première délivrance d'une carte de séjour temporaire ou d'une carte de séjour pluriannuelle est subordonnée à la production par l'étranger du visa de long séjour mentionné aux 1° ou 2° de l'article L. 411-1.

[19] Article L 422-1 du CESEDA

légale[20] et faire demander l'autorisation de travail par l'employeur sur le site du ministère de l'Intérieur : https://administration-etrangers-en-france.interieur.gouv.fr/particuliers/#/

L'article L 422-2 dispose : « La carte de séjour prévue à l'article L. 422-1 est également délivrée lors de sa première admission au séjour, sans avoir à justifier de ses conditions d'existence et sans que soit exigée la condition prévue à l'article L. 412-1, à l'étranger ayant satisfait aux épreuves du concours d'entrée dans un établissement d'enseignement supérieur ayant signé une convention avec l'État. » L'arrêté du 30 avril 2021 fixant la liste des pièces justificatives exigées pour la délivrance, hors Nouvelle-Calédonie, des titres de séjour prévus par le livre IV du Code de l'entrée et du séjour des étrangers et du droit d'asile complète le CESEDA pour préciser les pièces justificatives à fournir[21] :

- visa de long séjour ou titre de séjour en cours de validité ;

- justificatif de domicile datant de moins de six mois : facture (électricité, gaz, eau, téléphone fixe, téléphone mobile, accès à internet), bail de location de moins de six mois, quittance de loyer (si locataire) ou taxe d'habitation ; en cas d'hébergement à l'hôtel : attestation de l'hôtelier et facture du dernier mois ; en cas d'hébergement chez un particulier : attestation de l'hébergeant datée et signée, copie de sa carte nationale d'identité ou de sa carte de

---

[20] Titre III du protocole relatif à l'accord franco-algérien du 27 décembre 1968

21 https://www.legifrance.gouv.fr/jorf/id/JORFTEXT000043466864 cité par Cimade : mise à jour de janvier 2022

séjour, et justificatif de son domicile si l'adresse de sa carte nationale d'identité ou de sa carte de séjour n'est plus à jour ;

- code photographie et signature numérique valide ;
- justificatif d'acquittement de la taxe sur le titre de séjour et du droit de timbre et si exigé le droit de visa de régularisation à remettre au moment de la remise du titre ;
- inscription produite par l'établissement d'enseignement, qui peut être un établissement public ou privé d'enseignement supérieur ou préinscription ;
- relevés de notes de l'année écoulée ;
- dernier diplôme obtenu en France ;
- attestation de réussite délivrée par l'établissement ;
- justificatif de moyens d'existence suffisants (sauf pour les titulaires du visa de court séjour « étudiant concours ») : si vous êtes boursier du gouvernement français ou bénéficiaire de programmes européens, un justificatif de cette situation ; si vous êtes boursier dans votre pays d'origine : l'attestation de bourse de l'organisme payeur du pays d'origine précisant le montant et la durée de la bourse ;
- si vous travaillez : vos trois dernières fiches de paie ; si vous êtes pris en charge par un tiers : justificatif d'identité du tiers ; les attestations bancaires de la programmation de virements réguliers ou une attestation sur l'honneur de versement des sommes permettant d'atteindre le montant requis (615 € mensuels) ; si vous disposez de ressources suffisantes : l'attestation bancaire de solde créditeur suffisant ; en cas de ressources multiples, veuillez joindre le justificatif de chacune des ressources ;
- certificat d'inscription produit par l'établissement d'enseignement ou justificatif de préinscription ;

- pour une première demande de CST ou de la CSP portant la mention « étudiant-programme de mobilité » prévues respectivement aux articles L. 422-5 et L. 422-6 du CESEDA : tout document produit par l'établissement justifiant que votre cursus relève d'un programme de mobilité au sein de l'Union européenne.

Si vous sollicitez une dispense de visa de long séjour (selon la situation) :

- visa de court séjour avec la mention « étudiant-concours » et attestation de réussite au concours ou à l'examen d'admission préalable ;
- en cas de nécessité liée au déroulement des études : toutes pièces utiles justifiant cette nécessité.

Si vous avez suivi sans interruption une scolarité en France depuis l'âge de 16 ans et que vous y poursuivez des études supérieures :

- certificats de scolarité.

Si vous ne disposez pas d'un visa de long séjour ou d'un titre de séjour en cours de validité :

- justificatif d'état civil : une copie intégrale d'acte de naissance (sauf si vous êtes déjà titulaire d'une carte de séjour) comportant les mentions les plus récentes ;
- justificatif de nationalité : passeport (pages relatives à l'état civil, aux dates de validité, aux cachets d'entrée et aux visas) ou, à défaut, autres justificatifs (attestation consulaire, carte d'identité, carte consulaire).

En Nouvelle-Calédonie :

- En l'absence de téléservice, le code photographie et la signature numérique valide sont remplacés par 3 photographies d'identité de face, tête nue, récentes et parfaitement ressemblantes (format 35 mm x 45 mm) ;

- La prise en charge par un tiers du montant de 615 € mensuels est remplacée par une prise en charge d'un montant correspondant au moins à l'allocation d'entretien mensuelle de base versée, au titre de l'année universitaire écoulée, aux boursiers du Gouvernement français.

La circulaire ministérielle du 7 octobre 2008 concernant les étudiants étrangers précise que trois critères doivent être pris en compte par le préfet pour le renouvellement de la carte de séjour étudiant[22] :

- L'assiduité dans les études ainsi qu'aux examens ;
- La progression dans le cursus ;
- La cohérence des changements d'orientation.

Tout étudiant étranger qui ne remplit pas les conditions ci-haut citées encourt une obligation de quitter le territoire français. Dans une décision de la Cour administrative d'appel, un étudiant ayant échoué pour une deuxième fois aux examens du CERFPA s'est vu refuser le renouvellement de son titre de séjour étudiant en raison du caractère non sérieux dans les études (CA de Versailles, 2ème chambre, du 22 novembre 2012).

À l'issue des études, les étudiants étrangers peuvent demander une carte de séjour recherche d'emploi ou

---

22 http://www.buquet-avocat.fr/refus-renouvellement-titre-de-sejour-etudiant-annulation/, consulté le 22/08/2022 à 21 : 36.

création d'entreprise d'une durée d'un an non renouvelable s'ils remplissent les conditions ci-après[23] :

- Il entend compléter sa formation par une première expérience professionnelle, sans limitation à un seul emploi ou à un seul employeur ;
- Il justifie d'un projet de création d'entreprise dans un domaine correspondant à sa formation ou à ses recherches.

S'agissant des pièces justificatives, l'arrêté du 30 avril 2021 complète le Code de l'entrée et du séjour des étrangers et du droit d'asile[24] :

Si la personne était titulaire d'un titre de séjour mention « étudiant » ou « étudiant - programme de mobilité » :

- carte de séjour portant la mention « étudiant » ou « étudiant-programme de mobilité » en cours de validité ou visa de long séjour valant titre de séjour validé en ligne ;
- justificatif de nationalité : passeport (pages relatives à l'état civil, aux dates de validité, aux cachets d'entrée et aux visas) ou, à défaut, autres justificatifs (attestation consulaire, carte d'identité, carte consulaire) ;
- justificatif de domicile datant de moins de six mois : facture (électricité, gaz, eau, téléphone fixe, accès à internet), bail de location de moins de six mois, quittance de loyer (si locataire) ou taxe d'habitation ; en cas d'hébergement à l'hôtel : attestation de l'hôtelier et facture du dernier mois : en cas d'hébergement chez un particulier : attestation de l'hébergeant datée et signée, copie de sa carte

---

23 Article 422-10 du CESEDA

24 https://www.legifrance.gouv.fr/jorf/id/JORFTEXT000043466864 cité par Cimade : mise à jour de janvier 2022

nationale d'identité ou de sa carte de séjour, et justificatif de son domicile si l'adresse de sa carte nationale d'identité ou de sa carte de séjour n'est plus à jour ;

- 3 photographies d'identité de face, tête nue, récentes et parfaitement ressemblantes (format 35 mm x 45 mm-norme ISO/ IEC 19794-5 : 2005) (pas de copie) ou si demande déposée dans le cadre du téléservice mentionné à l'article R. 431-2 du CESEDA, code photographie et signature numérique valide ;
- justificatif d'acquittement de la taxe sur le titre de séjour et du droit de timbre et si exigé le droit de visa de régularisation à remettre au moment de la remise du titre ;
- justificatif d'assurance maladie ;
- diplôme de grade au moins équivalent au master ou diplômes de niveau I labellisés par la Conférence des grandes écoles ou diplôme de licence professionnelle obtenu dans l'année dans un établissement d'enseignement supérieur habilité sur le plan national ou attestation de réussite définitive au diplôme ;
- selon votre projet professionnel : tout justificatif d'un projet de création d'entreprise dans un domaine correspondant à votre formation.

Si la personne était titulaire d'un titre « passeport talent - chercheur » :

- carte de séjour portant la mention « chercheur » ou « chercheur-programme de mobilité » en cours de validité ou visa de long séjour valant titre de séjour validé en ligne ;
- justificatif de nationalité : passeport (pages relatives à l'état civil, aux dates de validité, aux cachets d'entrée et aux

visas) ou, à défaut, autres justificatifs (attestation consulaire, carte d'identité, carte consulaire) ;

- justificatif de domicile datant de moins de six mois : facture (électricité, gaz, eau, téléphone fixe, accès à internet), bail de location de moins de six mois, quittance de loyer (si locataire) ou taxe d'habitation ; en cas d'hébergement à l'hôtel : attestation de l'hôtelier et facture du dernier mois ; en cas d'hébergement chez un particulier : attestation de l'hébergeant datée et signée, copie de sa carte nationale d'identité ou de sa carte de séjour, et justificatif de son domicile si l'adresse de sa carte nationale d'identité ou de sa carte de séjour n'est plus à jour ;
- 3 photographies d'identité de face, tête nue, récentes et parfaitement ressemblantes (format 35 mm x 45 mm-norme ISO/ IEC 19794-5 : 2005) (pas de copie) ou si demande déposée dans le cadre du téléservice mentionné à l'article R. 431-2 du CESEDA, code photographie et signature numérique valide ;
- justificatif d'acquittement de la taxe sur le titre de séjour et du droit de timbre et si exigé le droit de visa de régularisation à remettre au moment de la remise du titre ;
- justificatif d'assurance-maladie ;
- confirmation par l'organisme de recherche de l'achèvement des travaux de recherche (la présentation de la confirmation peut être différée au moment de la remise de la carte de séjour temporaire) ;
- selon votre projet professionnel : tout justificatif d'un projet de création d'entreprise dans un domaine correspondant à vos recherches.

Si la personne a quitté le territoire français à l'issue de ses études et revient en France :

- visa de long séjour valant titre de séjour validé en ligne ;
- justificatif de nationalité : passeport (pages relatives à l'état civil, aux dates de validité, aux cachets d'entrée et aux visas) ou, à défaut, autres justificatifs (attestation consulaire, carte d'identité, carte consulaire) ;
- justificatif de domicile datant de moins de six mois : facture (électricité, gaz, eau, téléphone fixe, accès à internet), bail de location de moins de six mois, quittance de loyer (si locataire) ou taxe d'habitation ; en cas d'hébergement à l'hôtel : attestation de l'hôtelier et facture du dernier mois ; en cas d'hébergement chez un particulier : attestation de l'hébergeant datée et signée, copie de sa carte nationale d'identité ou de sa carte de séjour, et justificatif de son domicile si l'adresse de sa carte nationale d'identité ou de sa carte de séjour n'est plus à jour ;
- 3 photographies d'identité de face, tête nue, récentes et parfaitement ressemblantes (format 35 mm x 45 mm-norme ISO/ IEC 19794-5 : 2005) (pas de copie) ou si demande déposée dans le cadre du téléservice mentionné à l'article R. 431-2 du CESEDA, code photographie et signature numérique valide ;
- justificatif d'acquittement de la taxe sur le titre de séjour et du droit de timbre et si exigé le droit de visa de régularisation à remettre au moment de la remise du titre ;
- diplôme obtenu dans les quatre ans précédant la demande, au moins équivalent au grade de master ou diplômes de niveau I labellisés par la Conférence des grandes écoles ou diplôme de licence professionnelle obtenu dans l'année dans un établissement d'enseignement

supérieur habilité sur le plan national ou attestation de réussite définitive au diplôme ;

- justification que vous étiez titulaire d'une carte de séjour temporaire ou pluriannuelle portant la mention « étudiant » ou « étudiant-programme de mobilité » lors de l'obtention du diplôme ;
- assurance maladie couvrant la durée du séjour ;
- justification de moyens d'existence suffisants : si vous êtes boursier du gouvernement français ou bénéficiaire de programmes européens : un justificatif de cette situation ; si vous êtes boursier dans votre pays d'origine : l'attestation de bourse de l'organisme payeur du pays d'origine précisant le montant et la durée de la bourse ; si vous travaillez : vos trois dernières fiches de paie ; si vous êtes pris en charge par un tiers : les attestations bancaires de virements réguliers ou une attestation sur l'honneur de versement des sommes permettant d'atteindre le montant requis ; si vous disposez de ressources suffisantes : l'attestation bancaire de solde créditeur suffisant ; en cas de ressources multiples, veuillez joindre le justificatif de chacune des ressources ;
- selon votre projet professionnel : tout justificatif d'un projet de création d'entreprise dans un domaine correspondant à votre formation.

2. *Le droit au séjour des étudiants européens*

L'article L 231-1 du CESEDA dispose : « Les citoyens de l'Union européenne ne sont pas tenus de détenir un titre de séjour. Toutefois, s'ils en font la demande, il leur en est délivré un. » Donc, tout citoyen européen qui souhaite effectuer ses études supérieures en France, c'est-à-dire s'établir pendant plus de trois mois, doit se faire enregistrer auprès du maire de sa commune de résidence dans les trois mois suivant son arrivée[25]. Les étudiants européens et étrangers en situation régulière en France peuvent circuler sur le territoire de tous les États de l'Union européenne dans un délai de trois mois sans détenir un titre de séjour de ces États.

Les étudiants européens qui souhaitent s'établir en France pour un séjour de plus de trois pour motif d'études doivent remplir certaines conditions prévues à l'article L 233-1 3° du CESEDA : « Les citoyens de l'Union européenne ont le droit de séjourner en France pour une durée supérieure à trois mois s'ils satisfont à l'une des conditions suivantes : 3° Ils sont inscrits dans un établissement (...) pour y suivre à titre principal des études ou, dans ce cadre, une formation professionnelle, et garantissent disposer d'une assurance maladie ainsi que de ressources suffisantes pour eux (...) afin de ne pas devenir une charge pour le système d'assistance sociale. » Aux termes de l'article L 233-4, lorsqu'un étudiant européen a réussi avec succès son diplôme national équivalent au master, il n'est pas soumis à la détention d'un titre de séjour pour exercer une activité professionnelle en France, et s'il a résidé en France de manière légale et interrompue pendant les cinq années précédentes, il acquiert un droit au séjour permanent sur l'ensemble du territoire français.[26] Néanmoins, pendant ses

[25] Article L 232-1 du CESEDA
[26] Article L 234-1 du CESEDA

études, il sera soumis à l'obligation de détention d'un titre de séjour s'il souhaite exercer une activité professionnelle[27]. Il faut noter qu'un étudiant étranger qui a acquis le droit au séjour permanent perd ce droit s'il est absent sur le territoire français pendant une période de plus de deux années consécutives.

B. La coexistence du principe de laïcité et du droit à l'éducation ou à l'instruction dans l'enseignement supérieur

La laïcité garantit la liberté de conscience. De celle-ci découle la liberté de manifester ses croyances ou convictions dans les limites du respect de l'ordre public. La laïcité implique la neutralité de l'État et impose l'égalité de tous devant la loi sans distinction de religion ou conviction[28]. L'article 1 de la loi n° 2004-228 du 15 mars 2004 ne s'applique pas, en principe, aux établissements supérieurs ; il dispose : « Dans les écoles, les collèges et les lycées publics, le port de signes ou tenues par lesquels les élèves manifestent ostensiblement une appartenance religieuse est interdit. »

Néanmoins, le droit à l'instruction n'est toutefois pas absolu car il peut donner lieu à des limitations implicitement admises sachant qu'il « appelle étant donné sa nature même une réglementation par l'État » (*Affaire linguistique belge*, 1968, § 5 de la partie « En droit » ; voir

---

[27] Article L 233-4 du CESEDA

[28] https://www.gouvernement.fr/qu-est-ce-que-la-laïcité, consulté le 23/08/2022 à 13 : 19'

aussi, *mutatis mutandis*, *Golder c. Royaume-Uni*, 1975, § 38 ; *Fayed c. Royaume-Uni*, 1994, § 65). Par conséquent, les autorités nationales jouissent en la matière d'une certaine marge d'appréciation[29]. Afin de s'assurer que les limitations mises en œuvre ne réduisent pas le droit dont il s'agit au point de l'atteindre dans sa substance même et de le priver de son effectivité, la Cour doit se convaincre que celles-ci sont prévisibles pour le justiciable et tendent à un but légitime (*Leyla Şahin c. Turquie* [GC], 2005, § 154)[30]. Ce qui veut simplement dire que cette interdiction de port des signes religieux peut également s'appliquer au sein des établissements supérieurs sur intervention de l'État tendant à un but légitime. Le Conseil d'État, dans son avis du 27 novembre 1989 Kherouaa, met en avant l'ordre public dont le chef de l'établissement est le gardien. Ainsi, si le comportement trouble le fonctionnement de l'établissement, le chef de l'établissement est en droit de prendre des dispositions pour préserver le bon fonctionnement en transparence de l'ordre normatif religieux[31]. Il reste, néanmoins, important d'apprécier également la proportionnalité entre l'ordre public et la sauvegarde de la liberté de religion.

Dans l'enseignement supérieur, il reste nécessaire d'évoquer l'article 1 de la loi n° 2010-1192 du 11 octobre 2010 interdisant la dissimulation du visage dans l'espace

---

[29] Cour européenne des droits de l'homme, Guide sur l'article 2 du Protocole n° 1 – Droit à l'instruction, mise à jour du 30 avril 2022, p. 6.
[30] Ibidem.
[31] https://mafr.fr/fr/article/conseil-dÉtat-25/, consulté le 23/08/2022 à 13 :51.

public : « Nul ne peut, dans l'espace public, porter une tenue destinée à dissimuler son visage. » Sauf si elle est justifiée par des raisons de santé ou des motifs professionnels, ou si elle s'inscrit dans le cadre de pratiques sportives, de fêtes ou de manifestations artistiques ou traditionnelles[32]. Au regard de l'article L 121-2 du Code général de la fonction publique, l'agent public est tenu à l'obligation de neutralité. Il exerce ses fonctions dans le respect du principe de laïcité. L'arrêt BERKANI du Tribunal des conflits du 25 mars 1996 a déclaré que tous les personnels non statutaires et qui travaillent pour le compte d'un service public à caractère administratif sont nécessairement des agents contractuels de droit public, et ce, quel que soit leur emploi. Donc, le personnel dans les établissements d'enseignement supérieur est soumis au principe de neutralité.

C. Le droit à l'aide au logement et au logement

Le droit à l'aide au logement et au logement est encadré par les textes juridiques ci-après : la Déclaration universelle des droits de l'homme (article 25.1), la Charte des droits fondamentaux de l'Union européenne (article 34.3), le Code de la construction et de l'habitation (article L 300-1 et L 301-1). Ce droit vise à favoriser l'accès à un logement décent à toute personne, en l'occurrence aux étudiants, et aux aides au logement pour les personnes qui ne disposent pas des ressources suffisantes.

---

[32] Article 2 de la loi n° 2010-1192 du 11 octobre 2010 interdisant la dissimulation du visage dans l'espace public

Le gouvernement a rendu effectif ce droit par le biais de l'institution des caisses d'allocations familiales (CAF) qui allouent des aides personnalisées au logement (APL) aux étudiants qui remplissent les conditions d'attribution. L'accès au logement est également rendu effectif par le biais des centres régionaux des Œuvres Universitaires et Scolaires (CROUS). Cette structure permet d'attribuer des logements aux étudiants à un prix abordable. Malgré cela, ces logements au CROUS ne suffisent pas pour répondre aux demandes de tous les étudiants, en d'autres termes, la demande est supérieure à l'offre. Par ailleurs, la procédure d'attribution des logements sociaux reste assez longue et complexe pour les étudiants. L'objectif serait de simplifier les démarches et d'en construire dans les cités universitaires. La finalité c'est que les étudiants sont appelés à avoir recours aux particuliers, aux agences immobilières, sur des sites internet sur lesquels ils sont même parfois confrontés à la cybercriminalité et aux arnaqueurs qui, opérant jour et nuit, ne s'empêchent pas de proposer des logements fictifs ou inexistants, aux étudiants. Pour information, la demande des APL se fait sur le site de la CAF :

https://wwwd.caf.fr/wps/portal/caffr/aidesetservices/lesservicesenligne/faireunedemandedeprestation

Le problème de garant personne physique et d'honoraires exorbitants

Les étudiants ont la possibilité de faire la demande d'une garantie personne morale dénommée VISALE. Cette garantie est souvent recommandée par le CROUS. Chez les particuliers, l'attribution du logement est parfois conditionnée par la délivrance des documents d'un garant physique ayant des ressources financières suffisantes en France. Ces derniers qui exigent cette garantie ont tendance à oublier qu'il existe des étudiants étrangers qui n'ont pas de famille en France, mais qui disposent d'une garantie VISALE et des ressources financières suffisantes approuvées par la préfecture avant la délivrance du titre de séjour étudiant ; c'est le cas des étudiants salariés. Les agences immobilières proposent parfois des logements dont les frais de prestation dépassent le prix du loyer. Cette pratique n'est pas satisfaisante pour les étudiants. Une réglementation sur la fixation des frais d'honoraires serait appréciée par les étudiants confrontés à la difficulté de rechercher un logement décent.

D. Le droit à la sécurité sociale

Le droit à la sécurité sociale est encadré par des textes juridiques au niveau national et international, dont la Déclaration universelle des droits de l'homme (article 22), la Charte sociale européenne révisée (articles 12, 13 et 30), la Charte des droits fondamentaux de l'Union européenne (articles 34.1 et 34.2), le Code de la sécurité sociale (articles L 111-1 à L 111-2-3), etc. Tous les étudiants ont droit à la sécurité sociale au regard de ces textes cités ci-haut. En

France, la sécurité sociale est gérée par les caisses primaires d'assurance maladie (CPAM) qui ouvrent droit à la couverture des charges de maladie, de maternité, de paternité ainsi que des charges de famille[33]. Les étudiants étrangers qui viennent d'arriver en France doivent commencer par demander un numéro provisoire de sécurité sociale avant l'attribution d'un numéro définitif de sécurité sociale. Cette demande s'effectue auprès de la CPAM sur : https://etudiant-etranger.ameli.fr/.

Pour information, la Sécurité sociale ne rembourse que 70 % de la couverture des charges de maladie.

E. Le droit à la non-discrimination

La notion de la discrimination renvoie à une différence de traitement des individus en raison de leur appartenance à un groupe, une race, une culture, une religion. La convention internationale sur l'élimination de toutes les formes de discrimination raciale s'applique à tous les États ayant ratifié cette convention, en l'occurrence la France. La non-discrimination renvoie tout simplement à l'égalité. Cette discrimination peut être parfois qualifiée de positive en fonction des circonstances. Par exemple, les modalités d'examen des étudiants en situation de handicap et des étudiants sans situation de handicap. À la suite du rapport public du Conseil d'État pour l'année 1996 portant sur le principe d'égalité, il a été possible de définir la discrimination positive comme « *une différenciation juridique de traitement, créée à titre temporaire, dont*

[33] Article L 111-1 du Code de la Sécurité sociale

l'autorité normative affirme expressément qu'elle a pour but de favoriser une catégorie déterminée de personnes physiques ou morales au détriment d'une autre afin de compenser une inégalité de fait préexistante entre elles »[34]. Aux États-Unis, la Cour suprême avait décidé que les électeurs pouvaient légitimement interdire toute pratique de discrimination positive et de quotas raciaux visant à favoriser l'entrée à l'université : Cour suprême des États-Unis, 22 avr. 2014, *Schuette V. Coalition to defend affirmative action,* 572 US 2014[35]. L'article 21 de la Charte des droits fondamentaux de l'Union européenne interdit toute discrimination fondée notamment sur le sexe, la race, la couleur, les origines ethniques ou sociales, les caractéristiques génétiques, la langue, la religion, les convictions. Ainsi, tout fonctionnaire ou contractuel de droit public doit faire preuve de diligence dans l'exercice de ses fonctions.

1. *Quid des vacataires chargés de TD dans les établissements supérieurs ?*

Les vacataires sont recrutés par voie unilatérale pour exécuter une tâche précise, ponctuelle et limitée dans le temps. Les dispositions réglementaires qui s'appliquent aux agents contractuels ne s'appliquent, en principe, pas aux vacataires. Cependant, l'article L 121-2 du Code de la fonction publique dispose : « L'agent public exerce ses fonctions avec dignité, impartialité, intégrité et probité. »

---

[34] PAUVERT, B., LATOUR, X., *Libertés publiques et droits fondamentaux*, 5ème édition, Studyrama, Levallois-Perret, 2014, p. 62.
[35] Ibidem, p. 63.

Donc, tout vacataire exerçant ses fonctions dans un établissement supérieur est tenu d'agir avec impartialité, intégrité et probité. Le Code de la fonction publique s'applique également aux vacataires par application de l'arrêt du Tribunal des conflits de 1996, BERKANI, qui définit les agents publics comme : « Tous les personnels non statutaires et qui travaillent pour le compte d'un service public à caractère administratif sont nécessairement des agents contractuels de droit public, et ce, quel que soit leur emploi. »

2. *Les missions des établissements universitaires ne peuvent porter atteinte au principe d'interdiction à la discrimination*

L'article L 123-3 du Code de l'éducation dispose :

Les missions du service public de l'enseignement supérieur sont :

1° La formation initiale et continue tout au long de la vie ;

2° La recherche scientifique et technologique, la diffusion et la valorisation de ses résultats au service de la société. Cette dernière repose sur le développement de l'innovation, du transfert de technologie lorsque celui-ci est possible, de la capacité d'expertise et d'appui aux associations et fondations, reconnues d'utilité publique, et aux politiques publiques menées pour répondre aux défis sociétaux, aux besoins sociaux, économiques et de développement durable ;

3° L'orientation, la promotion sociale et l'insertion professionnelle ;

4° La diffusion de la culture humaniste, en particulier à travers le développement des sciences humaines et sociales, et de la culture scientifique, technique et industrielle ;

5° La participation à la construction de l'Espace européen de l'enseignement supérieur et de la recherche ;

6° La coopération internationale.

Toutes ces missions correspondent à la nature humaniste dont dispose l'enseignement supérieur, qui ne peut déroger au principe d'interdiction de la discrimination. De ce fait, tout acte portant atteinte à ce principe doit être répréhensible par les autorités administratives en charge de l'enseignement supérieur.

Les étudiants doivent également participer à la réalisation des règles protégeant ce principe, en dénonçant tous les actes de nature à porter atteinte au principe d'interdiction de la discrimination ; ils sont donc appelés à être proactifs dans la défense de leurs droits plutôt que passifs au risque d'être victimes d'atteinte à leur liberté.

En effet, la responsabilité de protéger ce principe doit être départagée afin de favoriser une mise en œuvre effective des règles préétablies. Il revient alors aux autorités administratives et aux étudiants de contribuer à la mise en application effective de ces règles ainsi qu'à la dénonciation de toutes les personnes portant atteinte au principe de non-discrimination. Donc, le service public de l'enseignement supérieur doit pouvoir s'imprégner des textes juridiques protégeant le principe de non-discrimination afin de faciliter l'exercice de ses missions qui ne doivent être sujettes à aucune revendication de la part des étudiants ou du personnel.

La discrimination positive constitue une exception à ce principe, car certains aménagements ne peuvent être réservés qu'à un public spécifique dans l'enseignement supérieur, par exemple : l'aménagement de la durée d'examen au profit des étudiants en situation de handicap (une heure de plus). Néanmoins, la discrimination s'apprécie au regard des critères dégagés par les textes juridiques et la jurisprudence afin de déterminer la violation du principe de non-discrimination. Par exemple, l'article 225-1 du Code pénal dispose : « Constitue une discrimination toute distinction opérée entre les personnes physiques sur le fondement de leur origine, de leur sexe, de leur situation de famille, de leur grossesse, de leur apparence physique, de la particulière vulnérabilité résultant de leur situation économique, apparente ou connue de son auteur, de leur patronyme, de leur lieu de résidence, de leur état de santé, de leur perte d'autonomie, de leur handicap, de leurs caractéristiques génétiques, de leurs mœurs, de leur orientation sexuelle, de leur identité de genre, de leur âge, de leurs opinions politiques, de leurs activités syndicales, de leur qualité de lanceur d'alerte, de facilitateur ou de personne en lien avec un lanceur d'alerte au sens, respectivement, du I de l'article 6 et des 1° et 2° de l'article 6-1 de la loi n° 2016-1691 du 9 décembre 2016 relative à la transparence, à la lutte contre la corruption et à la modernisation de la vie économique, de leur capacité à s'exprimer dans une langue autre que le français, de leur appartenance ou de leur non-appartenance, vraie ou supposée, à une ethnie, une Nation, une prétendue race ou une religion déterminée. »

F. Quelques jurisprudences utiles dans le milieu universitaire

Concernant le changement de la maquette des cours dispensés et l'équivalence des crédits universitaires : Affaire Valentin Vuilleumier / Université de Lyon III (TA, 21/12/2012).

En l'espèce, Valentin Vuilleumier, étudiant à la faculté de droit de Lyon 3 doit redoubler car n'ayant pas les 60 ECTS (european crédit transfer system) requis, système qui permet d'attribuer des points à toutes les composantes d'un programme d'études. En effet, l'université supprima la matière « Droit international public » sans pour autant lui donner une équivalence.

Cette décision est pourtant contraire au régime universitaire. Valentin et neuf autres étudiants redoublants se retrouvent donc en incapacité de valider leur licence et donc de passer en master. Après plusieurs recours auprès du jury universitaire, l'étudiant finit par saisir la justice.

Le juge des référés du tribunal administratif de Lyon a rappelé à l'université que *« les délibérations des jurys de concours et d'examen constituent toujours des décisions susceptibles de recours pour excès de pouvoir ».* Dans une ordonnance datée du 21 décembre 2012, le tribunal administratif a enjoint à l'université de valider l'enseignement obtenu, de valider sa licence, de l'accepter en master et de lui verser 800 euros pour rembourser ses frais de justice[36].

Concernant la sélection en master et le droit à la poursuite d'études (CE, 27/04/2022).

Dans un arrêt du 27 avril 2022, le Conseil d'État déclare que la sélection est illégale à l'Université de Clermont Auvergne et rappelle qu'il revient au Conseil d'administration et non au Conseil de formation et de vie universitaire de déterminer la politique de l'établissement, de fixer les capacités d'accueil et les modalités de sélection pour l'accès à la première année du deuxième cycle. L'université avait donc violé le Code de l'éducation.

La haute juridiction confirme alors la compétence exclusive du Conseil d'administration pour fixer les modalités de sélection.
Source : https://www.score-avocats.com/

TA, jugement numéro 2101038 du 31 mai 2022
Dans cette affaire, le tribunal administratif de Guadeloupe affirmait que la sélection en master 2021/2022 était illégale car dépourvue de base légale.

Source : https://www.score-avocats.com/

---

[36] https://tribunedelyon.fr/education/valentin-vuilleumier-jen-veux-au-jury-pas-a-lyon-3/, consulté le 20/11/2022 à 11 : 55'

Concernant la souveraineté du jury.

CE 17 juillet 2009, numéro 311972 et CAA, Bordeaux, 29 février 2016

Le Conseil d'État et la Cour administrative de Bordeaux précisent « qu'il n'appartient pas au juge administratif de contrôler ni le nombre, *ni la teneur des questions qu'il pose, ni l'appréciation qu'il porte sur le candidat, sauf si les notes attribuées sont fondées sur des considérations autres que la seule valeur de ses prestations ou si l'interrogation du candidat porte sur une matière étrangère au programme* ».

D'une part, la charge de la preuve incombant au demandeur, donc à l'étudiant, il revient à ce dernier de fournir la preuve que la note qui lui a été attribuée est fondée sur des considérations autres que la seule valeur de sa prestation et d'autre part, l'étudiant ou le candidat devra conserver son sujet pour démontrer que le sujet ne portait pas sur le programme du concours.

Source : https://www.score-avocats.com/

CHAPITRE II
Les moyens de recours administratif et contentieux mis à la disposition des étudiants au niveau national et européen

Le mot « recours administratif » renvoie à toute réclamation adressée à l'administration en vue de régler un différend né d'une décision administrative. Ce recours peut être gracieux s'il est adressé à l'administration qui a pris la décision contestée ; hiérarchique s'il est adressé à l'autorité à laquelle est subordonnée celle qui a pris la décision contestée, soit il est peut-être un préalable obligatoire s'il subordonne l'exercice d'un recours contentieux à l'encontre d'une décision administrative[37]. Au niveau européen, la Cour européenne des droits de l'homme peut être saisie d'une requête par toute personne physique (...) qui se prétend victime d'une violation des droits reconnus dans la convention[38] ou ses protocoles[39]. Donc, toute personne a la possibilité d'adresser un recours administratif

---

[37] L'article L 401-1 du Code des relations entre le public et l'administration

[38] La Convention européenne des droits de l'homme du 4 novembre 1950.

[39] Article 34 de la Convention européenne de sauvegarde des droits de l'homme et des libertés fondamentales

ou contentieux au niveau national afin de faire valoir ses droits violés (Section I). Pour ce faire, il faut respecter certaines conditions de recevabilité. Elle a aussi la possibilité de saisir la Cour européenne des droits de l'homme lorsqu'elle estime que ses droits protégés par la Convention sont atteints (section II) sous réserve de respecter les conditions de recevabilité.

SECTION I : LES RECOURS ADMINISTRATIFS ET CONTENTIEUX CONTRE LES DÉCISIONS ADMINISTRATIVES AU NIVEAU NATIONAL

Un recours est avant tout un droit. L'article 8 de la Déclaration universelle des droits de l'homme dispose : « Toute personne a droit à un recours effectif devant les juridictions nationales compétentes contre les actes violant les droits fondamentaux qui lui sont reconnus par la Constitution ou par la loi. » Ce droit est ainsi protégé par la Convention européenne de sauvegarde des droits de l'homme et des libertés fondamentales en son article 6 qui consacre le droit à un procès équitable. Ce droit renvoie à l'équité, la publicité, l'indépendance, l'impartialité des juges et un délai raisonnable. Ainsi, les recours administratifs et contentieux sont tenus de respecter les exigences dégagées par le droit au recours. Il existe deux types de recours administratifs[40] :

- Les recours administratifs préalables facultatifs qui peuvent être gracieux ou hiérarchique ;

---

[40] L'article L 401-1 du Code des relations entre le public et l'administration

- Les recours administratifs préalables obligatoires.

Pour rappel, un recours gracieux est adressé à l'administration qui a pris la décision contestée ; un recours hiérarchique est adressé à l'autorité à laquelle est subordonnée celle qui a pris l'acte contesté ; un recours administratif préalable obligatoire est celui qui subordonne l'exerce d'un recours contentieux à l'encontre d'une décision administrative[41], comme par exemple la commission de recours contre les décisions de refus de visa d'entrée en France dans le contentieux de refus de visa. Avant de saisir le tribunal administratif de Nantes, il faut adresser au préalable un recours auprès de cette commission sous peine d'irrecevabilité de la requête. Avec la loi organique n° 2011-333 du 29 mars 2011 relative au défenseur des droits, l'institution du défenseur des droits permet à toute personne de faire valoir ses droits et libertés en cas de violation[42]. Les étudiants sont donc amenés à utiliser ces voies de recours dès lors qu'ils estiment qu'une décision administrative est illégale ou irrégulière, c'est-à-dire qu'elle porte atteinte à un droit fondamental.

§1. LES EFFETS DES DÉCISIONS ADMINISTRATIVES DANS UN DÉLAI IMPARTI

Toute personne, en l'occurrence tout étudiant, qui souhaite exercer un recours administratif ou suspendre les effets d'une décision administrative prise à son encontre,

---

[41] Ibidem

[42] Article 4 de la loi du 29 mars 2011 relative au défenseur des droits

doit respecter un délai imparti au risque de perdre son droit au recours. L'article L 411-2 du Code des relations entre le public et l'administration dispose : « Toute décision administrative peut faire l'objet, dans le délai imparti, pour l'introduction d'un recours contentieux, d'un recours gracieux ou hiérarchique qui interrompt le cours de ce délai. » L'article R421-1 du Code de justice administrative dispose : « La juridiction ne peut être saisie que par voie de recours formé contre une décision, et ce, dans les deux mois à partir de la notification ou de la publication de la décision attaquée. »

Ainsi, la personne concernée peut exercer au préalable un recours gracieux, hiérarchique ou obligatoire qui interrompt le cours du délai imparti, soit elle peut exercer un recours contentieux et administratif au même moment. Cela dépendra si le recours administratif est un préalable obligatoire ou pas. Si le recours administratif est facultatif, la personne concernée peut exercer, immédiatement après la notification ou la publication de la décision attaquée, un recours contentieux.

L'article R 421-5 du Code de justice administrative dispose : « Les délais de recours contre une décision administrative ne sont opposables qu'à la condition d'avoir été mentionnés, ainsi que les voies de recours, dans la notification de la décision. » Donc, l'autorité administrative qui a pris l'acte contesté doit mentionner les délais et voies de recours au risque de ne point faire courir les délais de recours. Malgré les recours administratif ou contentieux exercés, les décisions administratives restent exécutoires et produisent leurs effets sauf dans le contentieux des étrangers ou autres contentieux et en cas de référé-suspension. Les étudiants doivent prendre en compte les délais de recours mentionnés dans la décision administrative dès lors qu'ils veulent la contester devant le juge (refus de master, OQTF, refus de visa).

A. *La motivation des décisions administratives en cas de refus implicite ou explicite*

Il faut retenir qu'une décision administrative de refus peut être explicite ou implicite. Une décision administrative vaut acceptation en cas de silence dans un délai de deux mois[43] sauf s'il s'agissait d'une réclamation ou d'une demande financière. Dans la pratique, il peut exister de délai de décision plus long, mais qui ne vaut pas expressément acceptation ou refus. Dans ces situations, l'administration notifie à la personne concernée la prolongation de l'instruction de sa demande, c'est le cas des attestations de prolongation d'instruction délivrées par l'Agence nationale des titres sécurisés. Aux termes de l'article L 221-2 du Code des relations entre le public et l'administration, toutes les décisions administratives de refus doivent être motivées et les personnes concernées doivent être tenues au courant dans un délai raisonnable (*l'accusé de réception de la poste*

[43] Article L 231-1 du Code des relations entre le public et l'administration : « Les délais de recours contre une décision administrative ne sont opposables qu'à la condition d'avoir été mentionnés, ainsi que les voies de recours, dans la notification de la décision. »

fait foi et fait courir le délai de recours). Cet article fixe la liste des décisions qui doivent être motivées :

1° Les décisions qui restreignent l'exercice des libertés publiques ou, de manière générale, constituent une mesure de police ;

2° Infligent une sanction ;

3° Subordonnent l'octroi d'une autorisation à des conditions restrictives ou imposent des sujétions ;

4° Retirent ou abrogent une décision créatrice de droits ;

5° Opposent une prescription, une forclusion ou une déchéance ;

6° Refusent un avantage dont l'attribution constitue un droit pour les personnes qui remplissent les conditions légales pour l'obtenir ;

7° Refusent une autorisation, sauf lorsque la communication des motifs pourrait être de nature à porter atteinte à l'un des secrets ou intérêts protégés par les dispositions du a au f du 2° de l'article L. 311-5 ;

8° Rejettent un recours administratif dont la présentation est obligatoire préalablement à tout recours contentieux en application d'une disposition législative ou réglementaire.

B. Quid des étudiants sans master ?

Au regard de cet article précité, on déduit que les décisions de refus de master doivent être motivées, car elles portent sur le refus d'un avantage dont l'attribution constitue un droit (6°) et d'une autorisation (7°). Cependant, l'article L 211-6 dispose : « Lorsque l'urgence absolue a empêché qu'une décision soit motivée, le défaut de motivation n'entache pas d'illégalité cette décision. Toutefois, si l'intéressé en fait la demande, dans les délais du recours contentieux, l'autorité qui a pris la décision devra, dans un délai d'un mois, lui en communiquer les motifs. » Les décisions administratives individuelles doivent également être motivées[44]. Se pose alors la question de savoir : l'admission en master est-elle un avantage ou une autorisation ? Quel est le droit auquel on porte atteinte en cas de refus d'admission en master ? Quelles sont les conditions légales pour accéder au droit à l'éducation ou à l'instruction ?

D'après l'avis du Conseil d'État du 21 janvier 2021 : « Les décisions par lesquelles le président d'une université refuse l'admission d'un étudiant en première ou en deuxième année de master n'entrent dans aucune des catégories de décisions devant être motivées en vertu de l'article L. 211-2 du Code des relations entre le public et l'administration. De telles décisions, en particulier, ne

[44] Article L 211-3 du Code des relations entre le public et l'administration : « Doivent également être motivées les décisions administratives individuelles qui dérogent aux règles générales fixées par la loi ou le règlement. »

constituent ni des décisions restreignant l'exercice des libertés publiques au sens du 1° de cet article, ni des décisions subordonnant l'octroi d'une autorisation à des conditions restrictives au sens du 3° de cet article, ni des décisions refusant une autorisation au sens du 7° de cet article »[45].

Toutefois, l'article D 612-36-2 du Code de l'éducation dispose : « Les établissements autorisés par l'État à délivrer le diplôme national de master peuvent organiser un processus de recrutement conformément aux dispositions de l'article L. 612-6. Les refus d'admission sont notifiés. Les motifs pour lesquels l'admission est refusée sont communiqués aux candidats qui en font la demande dans le mois qui suit la notification de ce refus. » Il revient donc aux étudiants qui souhaitent s'inscrire en master de demander les motifs de refus afin de saisir le juge administratif au cas où ils estiment que la décision est illégale ou irrégulière. Si l'établissement refuse explicitement ou implicitement de communiquer les motifs dans le mois qui suit la notification de refus, l'étudiant peut également saisir le juge administratif. Cependant, au préalable, l'étudiant doit saisir le recteur de région académique par l'intermédiaire d'un téléservice national : https://www.trouvermonmaster.gouv.fr/, dans un délai de quinze jours, à compter de la date de la dernière décision de refus[46]. Il doit remplir les conditions de saisine du recteur, notamment avoir au moins cinq refus d'admission s'il

---

[45] https://www.legifrance.gouv.fr/jorf/id/JORFTEXT000043076508, consulté le 25/08/2022 à 14 : 37

[46] Article R612-36-3 du Code de l'éducation

existe au moins deux universités dans la région académique de l'étudiant, inclus les placements sur les listes complémentaires[47].

Le recteur de région académique lui présente trois propositions d'admission après accord des chefs d'établissements concernés. Dans la pratique, les étudiants se voient tout de même être refusés, malgré l'intervention du recteur de région académique. De ce fait, ils peuvent fonder leur recours contentieux devant le juge administratif s'ils justifient soit d'une atteinte d'un droit fondamental, soit que le refus est fondé sur des considérations subjectives probantes. Il est donc conseillé de consulter un avocat ou un juriste. Toutefois, l'étudiant peut lui-même introduire une requête devant le juge administratif sans recourir à un avocat.

---

[47] https://www.trouvermonmaster.gouv.fr/saisir-le-recteur, consulté le 28/08/2022 à 16 : 31'

C. *Peut-on contester la note obtenue à un examen ?*

Si un étudiant estime que la note qui lui a été attribuée est entachée d'une erreur matérielle, ce dernier peut en faire la demande pour vérification. Les universités permettent la consultation des copies d'examen après publication des résultats. Cependant, il est difficile de passer outre la décision du jury, car il est souverain. En cas d'erreur matérielle constatée, le jury peut revoir sa délibération et attribuer la note réelle.

À mon avis, l'erreur matérielle ne peut être confirmée ou attestée que par l'autorité qui a pris la décision ou par l'enseignant. Il peut s'agir soit d'une erreur de calcul, d'un oubli, soit d'une confusion lors de la transcription de notes. Toutefois, il est possible qu'un étudiant évoque l'argument d'une notation fondée sur des considérations subjectives lors de la notation. Dans une telle situation, l'étudiant doit arriver à prouver cela. À titre d'exemple, un étudiant en droit a saisi le tribunal administratif d'Orléans pour dénoncer la notation de l'une de ses copies qu'il estimait injuste. Sa licence n'a pas été validée.

Le tribunal a suspendu cette décision[48]. La discrimination peut également être un argument de taille si l'on arrive à prouver cela. Pour ce faire, il faut soit exercer un recours gracieux auprès de l'autorité qui a pris la décision (recteur par exemple) dans un délai de deux mois, soit exercer un

---

[48] https://www.larep.fr/orleans-45000/actualites/un-etudiant-en-droit-denonce-la-notation-de-l-universite-et-obtient-gain-de-cause-au-tribunal-d-orleans_13993815/, consulté le 26/08/2022 à 08 : 12'

recours contentieux, de préférence, un référé-suspension afin de suspendre momentanément les effets de la décision ou délibération. Dans une décision de la Cour administrative de Bordeaux du 16 juillet 2019, la Cour considère qu'il est strictement nécessaire d'apporter « un élément susceptible de faire présumer que le processus de notation serait entaché d'irrégularité »[49].

Dès lors qu'un étudiant dénonce l'attitude de l'examinateur, il devra prouver l'irrégularité du processus de notation. On comprend que le contentieux des examens est un contentieux des preuves pour en sortir vainqueur. En cas de refus de communication des documents d'examen par le jury, il est obligatoire de saisir au préalable la commission d'accès aux documents administratifs avant d'exercer un recours contentieux devant le juge administratif sous peine d'irrecevabilité[50]. L'article L 311-2 du Code des relations entre le public et l'administration dispose : « Le droit à communication ne s'applique qu'à des documents achevés. Le droit à communication ne concerne pas les documents préparatoires à une décision administrative tant qu'elle est en cours d'élaboration. »

---

[49] https://juricaf.org/arret/FRANCE-COURADMINISTRATIVEDAPPELDEBORDEAUX-20190716-17BX03557, consulté le 26/08/2022 à 08 : 33'

[50] CA de Bordeaux du 16 juillet 2019 cité par https://juricaf.org/arret/FRANCE-COURADMINISTRATIVEDAPPELDEBORDEAUX-20190716-17BX03557, consulté le 26/08/2022 à 08 : 33'

§2. L'EXERCICE D'UN RECOURS CONTENTIEUX CONTRE LES DÉCISIONS ADMINISTRATIVES

La juridiction administrative est composée de :

- Conseil d'État, juridiction suprême de l'ordre de juridictions administratives ;
- Cour administrative d'appel, juridiction d'appel des décisions du tribunal administratif ;
- Tribunal administratif, juridiction de premier degré[51].

Il arrive parfois que le Conseil d'État statue comme juge d'appel, de cassation ou de premier et dernier ressort, de même la Cour d'appel peut statuer comme juge de premier et dernier ressort[52]. Le tribunal administratif statue dans certains contentieux comme juge de premier et dernier ressort[53], comme les litiges relatifs aux prestations, allocations ou droits attribués au titre de l'aide ou de l'action sociale, du logement, les litiges en matière de consultation et de communication de documents

---

[51] En France, le degré de juridiction définit la place hiérarchique d'une juridiction dans l'ordre des juridictions judiciaires (civiles ou pénales) ou administratives sur https://infonet.fr/lexique/définitions/degrés-de-juridiction/

[52] L'étendue de la compétence géographique d'une juridiction sur https://www.dictionnaire-juridique.com/definition/ressort.php#:~:text=D%C3%A9finition%20de%20Ressort&text=Le%20mot%20d%C3%A9signe%20d'une,prononce%20sont%20susceptibles%20d'appel.

[53] Article R 811-1 du Code de justice administrative

administratifs ou d'archives publiques, les litiges relatifs au permis de conduire[54].

Pour saisir une juridiction administrative, il faut respecter certaines conditions de recevabilité pour les contentieux au fond et les procédures de référé, qui permettent de régler un litige avec célérité. Pour déterminer la juridiction compétente, il faut tenir compte de la compétence matérielle et territoriale.

A. *Conditions de recevabilité du recours contentieux devant le juge administratif*

Il faut reconnaître que la recevabilité des recours contentieux est subordonnée, devant les juridictions administratives, à des conditions nombreuses[55]. Le juge doit d'abord établir sa compétence avant d'examiner la recevabilité du recours, et ce n'est que lorsque cette dernière est admise qu'il lui incombe de trancher le litige au fond (CE, sect., 21 octobre 1975, SA La grande brasserie moderne, Lebon 584)[56]. Par ailleurs, la disparition de l'objet du recours entraîne un non-lieu à statuer[57]. Avant de statuer, le juge vérifie la formule « DINI », c'est-à-dire désistement, incompétence, non-lieu et irrecevabilité. Le recours devant le juge administratif a été simplifié par la mise en place d'un télé recours qui reste facultatif :

---

[54] Article R 811-1 du Code de justice administrative.

[55] GUYOMAR., M et al., *Contentieux administratif,* Dalloz, 6ème édition, 2021, Paris, p. 317.

[56] Ibidem, p. 318.

[57] Ibid.

https://www.telerecours.fr/

Malgré la mise en place de cette procédure simplifiée, il est toujours possible d'introduire sa requête devant le juge administratif par courrier avec accusé de réception ou sur place au greffe du tribunal. La requête doit arriver au greffe avant l'expiration du délai de deux mois[58]. La date d'enregistrement de la requête est la date de réception par le greffe. Il faut donc la poster suffisamment tôt pour qu'elle parvienne à temps. Si le délai n'est pas respecté, la requête est irrecevable[59].

La justice est, en principe, gratuite, mais déposer une requête devant une juridiction administrative peut entraîner certains frais, notamment des frais d'instruction, les honoraires d'avocat.

En effet, le ministère d'un avocat est obligatoire pour les recours en appel ou en cassation, c'est-à-dire devant la Cour administrative d'appel et le Conseil d'État sauf exception en matière de référé-liberté en appel devant le Conseil d'État. Donc, il reste toujours possible pour tout étudiant de saisir le tribunal administratif sans passer par un avocat, sauf exceptions prévues par les textes, notamment lorsque le recours a pour objet une demande d'indemnité pour des dommages causés par l'État ou un de ses

[58] http://paris.tribunal-administratif.fr/content/download/11405/34345/version/1/file/requete_devant_ta.pdf, consulté le 18/11/2022 à 17 : 57

[59]http://paris.tribunal-administratif.fr/content/download/11405/34345/version/1/file/requete_devant_ta.pdf, consulté le 18/11/2022 à 17 : 57

établissements publics[60]. Cependant, il est conseillé de solliciter le concours d'un avocat par le dispositif d'aide juridictionnelle si l'on ne dispose pas des ressources suffisantes.

La recevabilité d'un recours dans l'ordre juridictionnel administratif s'apprécie au regard de diverses exigences qui se rapportent au requérant, à l'acte qu'il conteste et au recours lui-même[61].

- Le requérant doit justifier de sa capacité d'agir (majorité), son intérêt à agir à tout moment de la procédure devant les juges de fond[62] et de la qualité d'agir susceptible d'être mandatée. L'intérêt à agir doit toujours être personnel à l'auteur du recours et légitime[63]. Il est individuel ou collectif (les associations peuvent justifier d'un intérêt à agir). L'acte doit être contesté dans les deux mois de la notification ou publication de la décision attaquée[64].
- L'acte contesté : L'acte doit être contesté dans un délai de deux mois à compter de la notification ou de la publication de la décision contestée sauf exceptions. L'article R421-1 du Code de justice administrative dispose : « La juridiction ne peut être saisie que par voie de recours formé contre une décision, et ce, dans les deux mois à partir de la notification ou de la publication de la décision

---

[60] http://paris.tribunal-administratif.fr/Demarches-procedures/L-avocat-et-l-aide-juridictionnelle/Dans-quelles-situations-le-recours-a-un-avocat-est-il-obligatoire, consulté le 27/08/2022 à 21 : 50'

[61] GUYOMAR., M et al., *Contentieux administratif,* op. cit, p. 328.

[62] Ibidem, p. 329.

[63] Ibid, p. 332.

[64] GUYOMAR., M et al., *Contentieux administratif,* Op. Cit, p.340.

attaquée. » Il peut s'agir d'un acte décisoire ou non (CE, ass., 21 mars 2016, Fairvesta international GmbH, Lebon 76, concl. Von Coester et SNC Numericable)[65].

Au regard du principe du privilège du préalable, les décisions administratives sont exécutoires et non-suspensives sauf en cas de référé-suspension. Le recours devant le juge administratif n'est pas suspensif sauf dans le contentieux des étrangers.

Dans le contentieux des étrangers, un recours contre une obligation de quitter le territoire français dépend selon que le délai de départ est volontaire ou non. Si l'OQTF est avec délai de départ volontaire, le recours est de trente jours[66]. Si le recours expire un samedi, dimanche ou jour férié, il est recevable le premier jour ouvrable suivant ; et l'étranger ou l'Européen dispose d'un délai de trente jours pour s'exécuter[67].

Si l'OQTF est sans délai de départ, l'étranger dispose d'un délai de quarante-huit heures pour contester la décision. Il s'agit d'un délai d'heure qui ne peut en aucun cas être prorogé (le délai de quarante-huit heures n'est pas prolongé, même s'il expire un samedi, un dimanche ou un jour férié)[68]. Le recours contentieux est suspensif devant le tribunal administratif dans le contentieux des étrangers sauf

[65] Ibidem, p. 347.
[66] Article L 251-3 du CESEDA.
[67] SEGUIN, D., *Guide du contentieux du droit des étrangers,* LexisNexis, 2020, Paris, p. 80.
[68] Ibidem, p. 84.

en cas d'appel[69]. Le recours juridictionnel n'est pas prorogé par la présentation d'un recours administratif préalable et n'interdit pas de former en même temps un recours gracieux ou contentieux[70]. Tout refus de séjour doit être motivé.

Les procédures de référé-suspension et liberté

L'article L. 511-1 du Code de justice administrative dispose : « Le juge des référés statue par des mesures qui présentent un caractère provisoire. Il n'est pas saisi du principal et se prononce dans les meilleurs délais. »

Le juge des référés renvoie au tribunal administratif. La décision « ordonnance » rendue par le juge des référés est susceptible d'appel dans les quinze jours de sa notification devant le Conseil d'État pour le référé-liberté[71] ou de cassation devant le Conseil d'État pour le référé-suspension[72]. L'appel n'est pas possible pour le référé-suspension.

Le référé-suspension est ainsi la contrepartie précieuse du « privilège du préalable », en vertu duquel les actes des autorités administratives déploient des effets de droit dès leur publication et sans que leurs destinataires aient la possibilité de s'y soustraire. Il leur est seulement loisible d'en demander l'annulation au juge administratif en

---

[69] Article L 342-13 du CESEDA

[70] SEGUIN, D., Guide du contentieux du droit des étrangers, Op. cit, p. 81.

[71] Article L 523-1 alinéa 2 du Code de justice administrative.

[72] Article L 523-1 alinéa 1 du Code de justice administrative.

assortissant, au besoin, leur recours d'une demande de suspension des effets de ces actes[73]. Pour exercer un référé-suspension, il faut remplir deux conditions :

- L'urgence justifiée par une atteinte, de manière grave et immédiate, à un intérêt public, à la situation du requérant[74] ;
- Un doute sérieux quant à la légalité de l'acte.

Le juge des référés vérifie quand même si un recours au fond a été introduit avant sa saisine sous peine d'irrecevabilité[75].

Quant au référé-liberté, le juge des référés administratifs est susceptible de répondre efficacement aux attentes des justiciables puisque, si l'urgence le justifie, il peut, dans les 48 heures de sa saisine, ordonner toutes mesures nécessaires à la sauvegarde d'une liberté fondamentale à laquelle une personne morale de droit public ou un organisme de droit privé chargé de la gestion d'un service public aurait porté atteinte grave et manifestement illégale, dans l'exercice de l'un de ses pouvoirs (CJA, article L. 521-2)[76]. Les étudiants étrangers peuvent utiliser cette voie de recours (référé-liberté) afin de contester une obligation de quitter le territoire français, jugée illégale et portant une atteinte grave à la liberté d'aller et de venir, qui constitue une liberté fondamentale (CE, 12 nov. 2001, n° 239794. –

[73] GUYOMAR., M et al., Contentieux administratif, Op. cit, p. 219.
[74] Ibidem, p. 222.
[75] Article L 521-1 du Code de justice administrative.
[76] GUYOMAR., M et al., *Contentieux administratif, Op. cit,* p. 230.

CE, 7 mai 2003, n° 250002. – CE, réf., 20 mars 2009, n° 325967) dont ils peuvent se prévaloir.

Le Conseil d'État a une conception restrictive sur la notion de « liberté fondamentale ». Parmi les libertés fondamentales reconnues par le Conseil d'État depuis 2021 que les étudiants peuvent invoquer figurent[77] : La liberté d'aller et de venir, le droit constitutionnel d'asile, la liberté d'expression des courants de pensée et d'opinion, le droit de solliciter le statut de réfugié et de demeurer en France le temps nécessaire à l'examen de la demande, la liberté personnelle – possession de papiers d'identité, la liberté d'entreprendre, la liberté du commerce et de l'industrie et la liberté contractuelle, le droit d'assurer de manière effective sa défense devant le juge, le droit pour le patient majeur de donner, lorsqu'il se trouve en état de l'exprimer, son consentement à un traitement médical, le droit de se marier, la possibilité d'exprimer dans des formes appropriées ses convictions religieuses, la liberté du travail, le droit d'exercer un recours effectif, la liberté de manifestation, le droit au respect de la vie privée, le droit au respect de la vie, le droit à la protection des données personnelles, le droit pour un ressortissant français d'entrer sur le territoire français, la liberté de pratiquer un sport, la liberté de création artistique et d'accès aux œuvres culturelles, la liberté de la presse, le droit de chacun de vivre dans un environnement équilibré et respectueux de la santé.

---

[77] https://www.conseil-etat.fr/actualites/vivre-dans-un-environnement-equilibre-et-respectueux-de-la-sante-reconnu-liberte-fondamentale, consulté le 20/11/2022 à 9 : 30'

En effet, tout étudiant dispose de toutes ces voies de recours afin de contester les décisions administratives jugées illégales ou irrégulières. Si un recours contentieux concerne la réclamation d'une somme d'argent, il est obligatoire de saisir au préalable l'administration avant tout recours au fond sous peine de régularisation en cours d'instance. Cette régularisation rallonge les délais de procédure devant le juge.

Exemple : forme d'une requête en procédure de référé-suspension

À Madame ou Monsieur le Président du Tribunal administratif de (nom de la ville où est situé le Tribunal) statuant en référé

Objet : **Requête aux fins de référé-suspension** :

- **POUR** (nom du requérant, date, lieu de naissance, nationalité, profession, adresse postale)
- **CONTRE** (décision contestée)
- **FAITS**
- **DISCUSSION** (bien-fondé de la demande de suspension : rappeler l'alinéa 1er de l'article 521-1 du Code de justice administrative. Il faut que deux conditions soient remplies : 1. Condition d'urgence (il faut démontrer qu'il y a urgence), 2. Le doute sérieux quant à la légalité de la décision contestée.
- **PAR CES MOTIFS** (mentionner la formule : « par ces motifs et tous autres à produire, déduire ou suppléer, au besoin d'office, l'exposant conclut qu'il plaise à Monsieur le Président du Tribunal de (nom de la ville où est situé le Tribunal) » :

- Ordonner la suspension de la décision contestée.

- Autres conclusions en fonction de votre situation.

Au cours du procès, vous pouvez rajouter des mémoires et des pièces jointes. Il est important d'introduire une requête au fond au même moment où vous déposez votre requête aux fins de référé-suspension. Au niveau de la forme d'une requête au fond, la seule chose qui diffère c'est la discussion dans laquelle on ne discutera plus de l'urgence, mais de la légalité de la décision contestée.

Vous pouvez également suivre l'état d'avancement de votre recours, en mentionnant le numéro de votre dossier sur :

https://sagace.juradm.fr/Authentification.aspx

B. Tableau de compétences des juridictions administratives

Une compétence est qualifiée de matérielle lorsqu'elle renvoie aux litiges susceptibles d'être jugés par une juridiction. Elle est qualifiée de territoriale lorsqu'elle renvoie à la situation géographique de la juridiction qui se situe sur le même territoire que le siège de l'autorité qui a pris la décision attaquée ou a signé le contrat litigieux[78].

---

[78] https://www.vie-publique.fr/fiches/269229-les-competences-juridictionnelles-des-tribunaux-administratifs#:~:text=Le%20tribunal%20administratif%20territorialement%20comp%C3%A9tent%20est%20celui%20dans%20le%20ressort,n%C3%A9s%20de%20d%C3%A9cisions%20des%20ministres., consulté le 26/08/2022 à 09 : 38.

Source : https://www.conseil-état.fr/qui-sommes-nous/tribunaux-et-cours/missions

Type de contentieux : contentieux ordinaire	1er ressort	Appel	Cassation
***Tous les litiges administratifs**, sauf les contentieux énumérés dans les rubriques suivantes du tableau.*	TA[79]	CAA [80]	CE[81]
Litiges relatifs au rejet des demandes de visa d'entrée sur le territoire de la République française relevant des autorités consulaires.	TA de Nantes	CA de Nantes	CE
Élections municipales et départementales	TA	CE	
Questions préjudicielles en appréciation de la légalité ou en interprétation d'actes relevant de la compétence des TA en premier ressort.	TA	CE	
Décisions prises par la Commission nationale d'aménagement commercial (article L. 752-17 du Code du commerce) et décisions prises par la Commission nationale d'aménagement cinématographique (article L.212-10-3 du Code du cinéma et de l'image animée).	CAA		CE
Litiges portant sur les installations de production d'électricité utilisant l'énergie mécanique du vent, à leurs ouvrages connexes, ainsi qu'aux ouvrages de raccordement propres au producteur et aux premiers postes du réseau public auxquels ils sont directement raccordés.	CAA		CE

79 Tribunal administratif*
80 Cour administrative d'appel*
81 Conseil d'État*

Recours dirigés contre : *- les arrêtés du ministre chargé du travail relatifs à la représentativité des organisations syndicales de salariés et des organisations professionnelles d'empl oyeurs ;* *- les décisions prises par le Conseil supérieur de l'audiovisuel, à l'exception de celles concernant les services de télévision à vocation nationale ;* *- les décisions du ministre chargé de la culture relatives à la délivrance ou au refus de délivrance du visa d'exploitation cinématographique aux œuvres ou documents cinématographiques ou audiovisuels destinés à une représentation cinématographique.*	CAA de Paris		CE
Litiges portant sur les décisions relatives : *- aux installations de production d'énergie renouvelable en mer et leurs ouvrages connexes ;;* *- aux ouvrages des réseaux publics d'électricité afférents et aux infrastructures portuaires rendues nécessaires pour la construction, le stockage, le préassemblage, l'exploitation et la maintenance de ces installations et ouvrages.*	CE		
Recours dirigés contre : *- les décrets ;* *- les actes réglementaires des ministres ;* *- les décisions prises par les organes de certaines autorités au titre de leur mission de contrôle ou de régulation ;*	CE		

- les décisions ministérielles prises en matière de contrôle des concentrations économiques.			
- Contentieux relatif au recrutement et à la discipline des fonctionnaires nommés par décret du président de la République *- Contentieux des élections régionales et européennes* *- Les actions en responsabilité dirigées contre l'État pour durée excessive de la procédure devant la juridiction administrative* *- Recours en interprétation et recours en appréciation de légalité des actes dont le contentieux relève en premier et dernier ressort du Conseil d'État* *- Requêtes concernant la mise en œuvre des techniques de renseignement, pour certains traitements ou parties de traitements intéressant la sûreté de l'État.*	CE		
Litiges visés à l'article R.811-1 du Code de la justice administrative, dont contentieux relatifs à *- situation individuelle des fonctionnaires* *- pensions, aide personnalisée au logement* *- redevance audiovisuelle ;* *- Permis de conduire* *- Etc.*	TA		

SECTION II : LE RECOURS CONTENTIEUX DEVANT LA COUR EUROPÉENNE DES DROITS DE L'HOMME

L'article 34 de la Convention européenne des droits de l'homme dispose : « La Cour peut être saisie d'une requête individuelle par toute personne physique, toute organisation non gouvernementale ou tout groupe de particuliers qui se prétend victime d'une violation par l'une des Hautes parties contractantes des droits reconnus dans la convention ou ses protocoles. » La convention permet donc à tout étudiant de saisir la Cour européenne des droits de l'homme dès lors qu'il estime que ses droits reconnus dans la convention sont violés, notamment le droit au respect de la vie privée et familiale. Les décisions de cette Cour s'imposent aux États et les obligent à réexaminer la situation de la personne sous peine d'engager leur responsabilité étatique, par exemple des dommages et intérêts à la victime.

§1. CONDITIONS DE RECEVABILITÉ DE LA REQUÊTE INDIVIDUELLE

L'article 35 de la Convention européenne des droits de l'homme dispose : « La Cour ne peut être saisie qu'après épuisement des voies de recours internes, tel qu'il est entendu selon les principes de droit international généralement reconnus, et dans un délai de six mois à partir de la décision interne définitive. » Par ailleurs, l'article 4 du protocole n° 15 portant amendement à la convention ramène le délai à quatre mois et non plus à six. En résumé, pour saisir la Cour européenne des droits de l'homme, il faut remplir quelques conditions sous peine d'irrecevabilité[82] :

- La requête doit être introduite contre un État ayant ratifié la convention ;
- Invoquer des faits postérieurs à la ratification de la convention par l'État concerné ;
- Épuiser toutes les voies de recours internes ;
- Respecter le délai de quatre mois à partir de la dernière décision définitive ;
- Être victime d'une violation des droits reconnus dans la convention ou ses protocoles ;
- Enfin, le préjudice doit être jugé important par la Cour sauf si « le respect des droits de l'homme garantis par la Convention et ses protocoles exige un examen de la requête au fond »[83].

§2. LES EFFETS DES DÉCISIONS DE LA COUR EUROPÉENNE DES DROITS DE L'HOMME

Les arrêts de la Cour européenne des droits de l'homme (CEDH) ne permettent ni d'annuler, ni de modifier automatiquement les décisions prises par les juridictions françaises. Cela ne signifie pas pour autant qu'ils n'exercent aucune influence sur la justice française[84]. Les arrêts de la Cour européenne des droits de l'homme sont

---

[82] https://www.youtube.com/watch?v=FxfCnu2m6nw, visionnée le 29/08/2022 à 09 : 12'

[83] https://zabaldano.com/wp-content/uploads/2021/05/PROTOCOLE-15.pdf, consulté le 28/10/2022 à 09 : 03.

[84] https://www.vie-publique.fr/fiches/38297-arrets-de-la-cedh-quelles-consequences-sur-la-justice-francaise, consulté le 29/08/2022 à 09 : 22'

jugés déclaratoires. Néanmoins, les États ont créé des voies de recours internes à la suite d'une condamnation par la CEDH[85].

Le réexamen d'une condamnation prononcée par la Cour pour une violation grave de la Convention peut entraîner le réexamen par le juge français de la précédente décision, en matière pénale depuis la loi du 15 juin 2000 renforçant la protection de la présomption d'innocence et les droits des victimes et en matière d'état des personnes depuis la loi du 18 novembre 2016 de modernisation de la justice du XXIe siècle ; en toute matière, lorsque la remise en l'état d'avant la violation par l'État de la Convention européenne des droits de l'homme n'est pas possible, la CEDH peut accorder à la partie lésée une « satisfaction équitable », c'est-à-dire une indemnisation[86].

En période d'état d'urgence, les droits et libertés des étudiants peuvent être atteints de manière exceptionnelle, c'est le cas de la liberté d'aller et de venir ou encore d'autres libertés protégées par des textes nationaux autant qu'internationaux. Prenons le cas de la crise sanitaire de la Covid-19 durant laquelle plusieurs étudiants ont vu leurs libertés devenir restreintes par des mesures réglementaires prises par des autorités administratives.

Laissez-nous vous emmener dans les dessous d'une année universitaire sous crise sanitaire.

---

[85] https://www.vie-publique.fr/fiches/38297-arrets-de-la-cedh-quelles-consequences-sur-la-justice-francaise, consulté le 29/08/2022 à 09 : 22'

[86] https://www.vie-publique.fr/fiches/38297-arrets-de-la-cedh-quelles-consequences-sur-la-justice-francaise, consulté le 29/08/2022 à 09 : 22'

Partie 2
Droits des étudiants et période d’exception

CHAPITRE I
Un contentieux est né

Je ne comprenais pas certaines de mes notes. J'écrivis donc à un de mes professeurs en lui expliquant que je ne comprenais pas ma note, que je pensais avoir bien réussi et avoir une assez bonne note au vu de la simplicité de l'épreuve. Il s'agissait de simples questions de cours.

Ce dernier me répondit en disant : « Vos réponses sont bonnes, la notation vous paraît sévère mais c'est compte tenu du fait que l'examen se tient en distanciel et du fait qu'on suspecte que les étudiants aient eu recours à une aide extérieure. »

J'insistais pour lui faire comprendre que cela pouvait être handicapant pour les étudiants et pour obtenir une notation objective de ma copie, mais ce dernier me répondit qu'il était enseignant-chercheur et qu'il n'avait pas vocation à me donner satisfaction parce que je le voulais et enfin il m'opposa une fin de non-recevoir.

Nous, étudiants, sommes-nous responsables de cette crise sanitaire ?

Alors même que l'université française est un service public et que le principe d'égalité est une loi du service public. Alors même qu'aucun texte ne prévoit une dérogation à une notation objective du fait des examens en distanciel. Alors même qu'une note attribuée et fondée sur une autre considération que la seule valeur de la prestation de l'étudiant peut faire l'objet du contrôle du juge (CAA Bordeaux 2016). Alors même que les étudiants traversaient une période très difficile, suis-je responsable de la mise en place du distanciel ? La réponse est : non ! Nous la subissons et nous n'avons pas à être sous-notés du fait que les examens se déroulent en distanciel.

Ressentant une injustice et connaissant mes droits, j'ai jugé qu'il était nécessaire que j'intente une action en justice auprès du tribunal administratif.

Plusieurs connaissances m'ont dit que je n'obtiendrais jamais gain de cause et que ça ne marcherait jamais.

J'ai consulté une avocate spécialisée en droit public, je lui ai fait part de la situation, elle était très gentille et à l'écoute, mais très pessimiste. Elle a affirmé que ça ne marcherait pas, qu'il y avait très peu de chances que le juge me donne raison, qu'elle était très réservée sur mon action en justice, car depuis qu'elle était avocate, elle n'avait rarement voire jamais vu un requérant avoir gain de cause sur ce genre de cas. J'ai décidé d'agir seul !

Je restais convaincu qu'il y avait une injustice, en tout cas je la ressentais et il fallait que j'intente cette action en justice.

J'ai déposé une requête aux fins de référé suspension, j'ai joint des mémoires et plusieurs autres pièces, cela m'a pris un temps fou mais je restais serein.

J'ai déposé celle-ci mi-juillet et, quelques jours plus tard, le juge avait fixé une date d'audience pour début août, plus précisément le 3 août au matin.

À la veille de l'audience, je m'entraînais tout seul chez moi à plaider devant les juges, je marchais dans mon appartement en simulant ma prise de parole devant eux et les arguments que j'allais évoquer.

Le jour J, je me suis levé, serein, et je me suis rendu au tribunal. Même si je suis un habitué des tribunaux, j'y étais toujours allé en tant que spectateur jusque-là.

J'arrivai au tribunal avec un peu d'avance, le monsieur de l'accueil m'indiqua la salle dans laquelle se tiendrait mon audience. J'entrai dans la salle et je m'assis en attendant l'arrivée des juges.

Quelques minutes après, les juges rentrèrent dans la salle d'audience, par respect je me suis levé, c'est la procédure. La juge rappela les faits et, par la suite, me donna la parole. Je me défendis corps et âme en essayant de convaincre les juges. J'émis les moyens de droit et de fait que j'avais déjà produits dans ma requête.

L'audience prit fin et la juge m'expliqua que je recevrais la décision dans la journée.

Quelques heures plus tard, je reçus une notification du tribunal m'annonçant que j'avais obtenu gain de cause. L'acte adopté par l'université se voyait alors suspendu par la justice.

J'étais soulagé, mais sans plus, je venais d'aller au bout d'un combat parmi tant d'autres.

L'affaire a été médiatisée et je reçus des centaines d'ajouts sur Facebook par jour, de nombreux étudiants souhaitant me contacter car ils ressentaient une injustice et s'étaient sentis lésés durant cette année universitaire en distanciel.

J'ai eu beaucoup de soutiens, et des étudiants m'ont rapporté ce qu'ils avaient subi. Par exemple, un étudiant en licence qui avait eu un oral le même jour et à la même heure qu'un écrit. Il est allé à l'oral et a été défaillant à la matière de l'écrit, il devait donc redoubler. Un autre m'a raconté ses problèmes de connexion internet qui lui ont coûté son année car il a rendu sa copie trop tard, alors que les copies d'autres étudiants ont été acceptées bien qu'elles aient été rendues également en retard. D'autres se sont plaints de la notation.

Lors de mon stage en cabinet d'avocats avec une avocate parisienne en 2019, j'allais très souvent au tribunal de Paris, et un texte de la Convention européenne des droits de l'homme écrite sur un mur du tribunal m'avait marqué. Et après la décision du juge, elle a pris tout son sens, c'était la suivante : « Toute personne a droit à ce que sa cause soit entendue équitablement, publiquement, et dans un délai raisonnable par un tribunal indépendant et impartial. » Article 6 de la convention européenne des droits de l'homme.

CHAPITRE II
Témoignages et lettres ouvertes au ministre de l'Enseignement supérieur

Nous avons recueilli quelques témoignages d'étudiants qui ont raconté comment ils ont vécu leur année universitaire en distanciel pendant le confinement.

Prenons le cas de cette jeune étudiante en droit originaire de Saint-Pierre-et-Miquelon, qui a tenu non seulement à parler de ses conditions d'études durant le confinement mais aussi à parler au nom des étudiants de son île chérie.

« Je m'appelle Pauline, je suis originaire de l'Archipel de Saint-Pierre-et-Miquelon se situant en Amérique du Nord. J'ai vécu une partie de ma deuxième et troisième année de licence de droit en distanciel. Je vais vous raconter d'une part mon ressenti et par la suite évoquer le ressenti de certains étudiants de mon archipel. Voici mon expérience face à la Covid 19. J'ai eu de la chance d'avoir de la famille chez laquelle j'ai habité, ce qui m'a permis d'avoir un stress en moins. Cela étant, je ne pensais pas que le premier confinement durerait aussi longtemps, chose qui a affecté mon moral. J'étais triste de plus pouvoir rencontrer mes camarades de l'université et de passer toute la journée devant un écran, c'était très dur psychologiquement. Je n'étais pas au courant de la mise à disposition d'une psychologue par l'université. En ce qui concerne, l'expérience des étudiants de Saint-Pierre-et-Miquelon en général restés en métropole ou au/Canada, l'année universitaire a été très mal vécue. La plupart de ces étudiants étaient enfermés dans un petit appartement, ne voyaient pas leurs amis et leur famille, ils étaient livrés à eux-mêmes. C'était le Triple "D" : démotivations, dépression, déscolarisation. Il y a un retour aux sources, "sur le caillou" : le soutien moral de leur famille, la possibilité de voir des gens.

En ce qui concerne, les étudiants rentrés sur l'archipel, il y avait un décalage horaire de quatre heures donc une difficulté à suivre les cours à distance, du fait de devoir se lever très tôt.

En hiver, il y a eu une grosse tempête de neige, donc panne d'électricité, et de ce fait, plein d'étudiants ont été en difficulté pour leurs partiels, car pas de connexion internet.

Ces derniers avaient un stress de ne pas pouvoir retourner en métropole à la fin de la pandémie si les cours reprenaient en présentiel, car en cas de trop forte neige, il aurait été impossible pour l'avion de décoller. »

Une étudiante en médecine parle de « maltraitance étudiante ».

« Je suis étudiante en 3e année de médecine, ou plutôt, depuis un an, en télémédecine. Ma vie est derrière l'écran, sur des cours préenregistrés, et sans l'ombre d'un stage, je perds le sens du soin. Cette période compliquée justifie la mesure d'urgence, l'organisation chancelante face à l'imprévisible, et nous sommes tolérants. Plus que n'importe qui, on respecte ces "futurs nous" qui assurent la santé publique chaque jour dans les hôpitaux, les EHPAD, les laboratoires. »

Clara dit se préparer à un « bac + 11 » à l'exigence reconnue. « J'ai choisi cette filière avec fierté mais aujourd'hui, on nous laisse croire que cette vocation chanceuse justifierait la maltraitance étudiante. Qu'elle justifierait l'épuisement et l'oubli de soi. Sans un seul cours ou stage en "présentiel", on se rend aux partiels malgré les recommandations du gouvernement. Nous sommes ameutés par centaines devant les grilles de sites d'examen inédits. Puis, assis sous des fenêtres ouvertes, on compose en janvier au son de la gare de l'Est et des terrains de sports. On nous fournira des boules Quies pour la concentration. »

Elle poursuit : « Nous sommes écrasés par les réformes instables, les concours surprises, les informations inconstantes et, quand on regarde devant, les externes et internes sont sous-payés, sous- reconnus, sous-formés, plus encore qu'avant la Covid. Si l'on regarde plus loin encore, le dévouement des soignantes diplômées est moqué par les mesures économiques contradictoires mais aussi par les antivaccins, les antimasques et autres complotistes “science-phobiques”. »

« Comment “aller de l’avant”, interroge la jeune femme, quand on nous tend ces perspectives ? En situation de crise, la gestion de masse universitaire laisse peu de place au soutien des détresses individuelles. Le poids de l’actualité est énorme, et nous sommes seuls chez nous face à un système intolérant. Je dois apprendre à écouter et à soigner sans l’être, et ces jours-ci, c’est souvent trop difficile. Je sais désormais que je vais redoubler ma troisième année. »

Pour Clément, étudiant en BTS :

« Depuis le deuxième confinement, la vie était assez lente et ennuyeuse vu que l’on ne pouvait plus sortir. Certes, avant les vacances de décembre, les cours étaient donnés en présentiel, mais voir juste les profs et rentrer chez soi, dans un 13 m^2 à ne rien faire, c’est difficile. Je suis actuellement en stage. Je devrais donc être dans une entreprise. Mais avec les règles sanitaires, je me retrouve “en télétravail dans un 13 m^2”. Conséquence directe : Je ne vois personne. »

Pour garder le moral et « ne pas finir en grosse dépression », le jeune homme à son petit truc : il joue à la console. Mais il alerte : « Certains étudiants sont vraiment mal et il faut les aider le plus possible. »

Pour Claude, étudiant dans une école privée, le confinement a été un élément déclencheur : il ne continuera pas son année en cycle préparatoire ingénieur à l’ISEN à

Nantes. « Dès décembre, je savais que je voulais changer de formation, mais le confinement a été un élément me le confirmant. Pendant les cours en présentiel, j'essayais de m'accrocher afin d'essayer de réussir mon année. Une fois le confinement annoncé, j'ai clairement abandonné. De mars à juin 2020, j'ai dû suivre tous les cours en distanciel ; le facteur de rester à la maison n'a pas amélioré les choses. »

À la rentrée 2020, il décide donc d'intégrer « une école qui lui plaît » et suit un 0 à Digital Campus. « Deux mois en présentiel qui font du bien. Ils ont une forme de faux espoir puisque, fin octobre, nous sommes à nouveau confinés. Jusqu'à aujourd'hui, cela n'a pas changé. J'ai l'impression de plus connaître mon ordinateur que mes propres amis. »

Une situation pesante : « Nous, étudiants, avons un apprentissage de moindre qualité en 0. On paye 7000 €, pour une année passée derrière un écran. »

Pour Chloé, jeune bachelière, c'est la désillusion, comme pour de nombreux L1 à l'université.

« Depuis longtemps, je voulais étudier à l'étranger, aller au Québec. J'ai choisi l'anthropologie dans une université au Québec. J'ai eu mon bac l'année dernière et, sans le Covid, je serais partie. » Elle a décroché, lors du second confinement : à Nantes, elle suivait les cours à distance et a décidé d'abandonner en novembre.

« J'avais beaucoup de travail personnel et, avec le décalage horaire, je suivais les cours en Visio entre 18 h et minuit et demi. J'ai commencé à ressentir un éloignement social. Les contacts étaient limités avec les autres étudiants. À Nantes aussi avec mes amis, car ils avaient cours la journée et moi la nuit. »

Être seule, ne pas pouvoir échanger. « Cela m'a découragée. C'était d'autant plus difficile qu'avec le premier confinement, j'avais un peu perdu la concentration, la méthode de travail. On n'a pas vraiment passé le bac. »

Ses notes ont commencé à baisser, elle avait du mal à ouvrir ses mails. « Je dépérissais. Je culpabilisais aussi car je faisais perdre de l'argent à mes parents. Lors du second confinement, je leur en ai parlé, comme si j'attendais en quelque sorte leur autorisation pour arrêter.

C'est ce que j'ai fait, j'étais alors extrêmement soulagée, mais aussi très triste. Maintenant, je me retrouve sans rien. Je vais passer mon permis, essayer de trouver du travail. J'aimerais reprendre mes études l'an prochain. Après cet abandon, c'est difficile de rebondir. »

CHAPITRE III
Double peine pour les étudiants étrangers

De nombreux étudiants étrangers ont eu le coup de blues durant cette période de confinement. « Être à 6000 kilomètres de ses proches aggrave les choses » m'a rapporté un étudiant étranger.

La présidente de l'EAAEE (Équipe d'Accueil et d'Amitié pour les Étudiants Étrangers) disait sur France 24 que « lors du premier confinement, il y a eu une période de tétanisation. Tout le monde était sidéré, donc ils ont arrêté de travailler. Ils étaient très inquiets aussi pour leur famille qui était à des milliers de kilomètres.

Certains ont perdu les petits boulots alimentaires dont ils avaient besoin et puis ils étaient aussi très inquiets de la manière dont allaient se passer ou pas les examens.

Ça a été très dur aussi pour les doctorants à qui l'on disait que les soutenances étaient suspendues, et qu'on leur donnerait des mois supplémentaires pour finir leur thèse. Mais les bourses ne suivaient pas forcément, donc ça a été une période un peu d'arrêt, pendant laquelle les associations d'étudiants étrangers les ont plutôt incités à continuer à travailler, justement pour garder le cap sur le long terme.

Le confinement de début novembre a été tout à fait différent. Ils étaient vraiment avides de travail. Ils ne désiraient pas perdre de temps et ils voulaient continuer, donc les associations d'aide aux étudiants étrangers ont été très sollicitées pour les accompagner dans leur travail, ce qui a été fait, bien sûr. De nombreuses associations étaient là pour les soutenir et échanger avec eux.

C'était un parcours d'endurance pour beaucoup durant le confinement car habiter dans un 9 m^2 et devoir y rester toute la journée pendant des semaines, et en plus sans compagnie, n'est pas toujours facile.

C'était aussi très pénible pour eux de ne plus pouvoir suivre les cours en présentiel et de ne plus pouvoir aller en bibliothèque.

Il y a des étudiants qui ont choisi, par exemple, de ne pas retourner dans leur pays en disant qu'ils faisaient confiance au Gouvernement français et aux décisions prises pour gérer la crise.

C'était assez décourageant pour eux de venir étudier en France et de finir devant un écran pendant presque deux ans pour certains. Beaucoup ont fait le choix de ne pas retourner dans leur famille, voire dans leur pays pendant l'été, de peur de ne pas pouvoir revenir et de devoir interrompre le cursus entamé. »

Avec la crise du coronavirus, les étudiants étrangers de France sont particulièrement exposés à la précarité financière et au mal-être. Ils témoignent :

Wassila Belhacine, dans le journal Néon disait : « Ils sont arrivés avec un baluchon, et leurs rêves se transforment en désillusions. Pour les étudiants étrangers, l'année 2020-2021 ne sera pas celle des diplômes, mais souvent celle de la galère. Déjà, il a fallu réussir à arriver. Cette année, les procédures à respecter pour espérer étudier sur le territoire français sont plus exigeantes.

La complexité de la situation des étudiants étrangers s'explique par de nombreuses entraves d'ordre administratif. La majeure partie d'entre eux ne sont pas éligibles aux bourses du CROUS. Certains rejoignent la France sans attestation d'hébergement, ce qui ne leur permet pas d'ouvrir un compte bancaire, et les procédures kafkaïennes de renouvellement de la carte de séjour compliquent leur inscription à l'université. Enfin, la rareté des contrats étudiants sur le marché du travail due à la crise sanitaire finit d'entériner une situation quasi intenable économiquement et moralement. »

Deux étudiants ont raconté comment ils ont vécu cette crise.

« Le CROUS propose des consultations psychologiques, mais ce n'est pas le psychologue qui peut nous aider financièrement ! » déclare l'étudiante en ressources humaines.

Un autre étudiant déclarait :

« C'est ma troisième année en France, où je suis des études de ressources humaines, dans le Sud. Je viens de Tunisie. Cette année est très éprouvante car, avec le Covid, j'ai perdu mon job étudiant et je n'ai plus droit à la bourse de l'État tunisien. J'ai dû me résigner et m'inscrire aux Restaurants du cœur pour avoir un peu d'aide. Entre le loyer, les charges, l'abonnement de transports et les dépenses essentielles… c'est très compliqué. Lors du premier confinement, le CROUS avait organisé des distributions alimentaires. Maintenant, ce dispositif n'existe plus alors que nous en avons plus que besoin. Le CROUS propose des consultations psychologiques, mais ce n'est pas le psychologue qui peut nous aider avec les finances ! Je ne peux pas demander de l'aide à mes parents. Eux aussi sont touchés par la crise financière liée au Covid. Ils ne peuvent pas m'envoyer d'argent. Je déteste les stresser alors je ne leur confie pas mes difficultés. Je pense à prendre un prêt bancaire pour m'aider. »

CHAPITRE IV
« Étudiants en Confinement » à la rescousse

Nous ne pouvions pas écrire ce livre sans évoquer l'association « Étudiants en Confinement » qui leur est venue en aide durant la période de confinement et qui continue à être au service des étudiants. Elle compte aujourd'hui plus de 25 000 abonnés sur les réseaux sociaux.

Nous avons pu échanger avec cette association et recueillir de nombreuses informations.

Comment a-t-elle vu le jour ? Quelles sont ses actions ? Quel message veut-elle faire passer au gouvernement ? L'association Étudiants en Confinement est née d'une initiative estudiantine solidaire en novembre 2020. Deux étudiants en droit, Mayssa ZAIEM et Estelle LAURENCE, ont décidé de créer un compte Twitter afin de motiver et de partager des conseils visant les étudiants.

Au fur et à mesure, des projets furent mis en place, tels que des interventions de matières juridiques dispensées sur Discord par des étudiants en Master et des doctorants, ou encore un Drive en accès libre rempli d'environ trois cents fiches d'une cinquantaine de matières juridiques. À la suite d'un succès fulgurant sur les réseaux sociaux, et afin de faire grandir leur projet et de le pérenniser, Mayssa et Estelle ont rédigé les statuts, les ont déposés à la préfecture et ont ainsi transformé l'initiative Étudiants en Confinement en association. Son objectif est de promouvoir l'entraide et la solidarité, le tout gratuitement afin que cela puisse être accessible à tous.

« Le mois d'orientation », organisé pendant les mois de février et mars 2021, a été l'action avec la plus grande envergure de l'association. Tous les jours, pendant un mois et demi, Étudiants en Confinement a accueilli sur Zoom des professionnels du droit pour parler de leur métier, et des étudiants en Master pour parler de leur choix d'orientation et expliquer ce à quoi s'attendre dans leur spécialisation.

Chaque session a été retransmise sur la chaîne YouTube de l'association, et les sessions d'orientation ont été consignées dans un guide mis en ligne.

Une restructuration de l'association a eu lieu pendant l'été 2021 et est aujourd'hui composée de 70 membres, comprenant 5 membres du bureau (Présidente, Vice-Présidente, Secrétaires généraux, Trésorier), 20 responsables de pôle et 45 membres bénévoles répartis dans ces derniers.

L'association comporte 8 pôles en tout : le pôle RH, le pôle communication, le pôle événementiel, le pôle rédaction, le pôle presse & gouvernement, le pôle audiovisuel, le pôle aide sociale étudiante et le pôle partenariats & relations commerciales. De nombreux projets ont donc été mis en place par ces différents pôles, tels que la rédaction de fiches de révision par le pôle rédaction, la tenue des réseaux sociaux et de magnifiques infographies par le pôle communication, un tutorat mis en place par le pôle aide sociale étudiante et le pôle événementiel, une seconde session de cours dispensés sur Discord, organisée par le pôle événementiel dont le montage est opéré par le pôle audiovisuel.

Le pôle partenariats & relations commerciales, quant à lui, a organisé des concours pour faire gagner des livres et autres goodies. Le pôle presse & gouvernement continue de relayer les informations universitaires et ministérielles sur le compte Twitter de l'association.

Pendant le premier confinement en mars 2020, de nombreux pays, dont la France, se sont retrouvés désemparés face à la situation sanitaire sans précédent. Les universités ont d'abord fermé tour à tour, puis, sous couvert de leur principe d'autonomie, ont chacune choisi leur façon de faire les cours et partiels du deuxième semestre. De nombreux étudiants se sont donc retrouvés sans nouvelles de leur faculté pendant deux mois, situation extrêmement stressante, surtout lorsqu'on sait que la plupart des étudiants salariés ont également perdu leur emploi.

« On aurait pu penser que les universités seraient mieux préparées pour le second confinement, cela n'a pas vraiment été le cas sauf rares exceptions. Il convient de noter tout de même que certaines universités avaient mis en place des horaires aménagés pour les bibliothèques, afin que ceux qui n'arrivent pas à travailler chez eux puissent le faire dans de bonnes conditions ; ainsi que des clés 3G pour les étudiants en fracture numérique » me rapporte un membre de l'association.

L'association me disait :

“La plupart, cependant, ont laissé leurs étudiants à l'abandon, le sacro-saint principe de « valeur du diplôme » a empêché les universités de repenser leurs cours et d'améliorer la qualité de l'enseignement, sous peur de « triche » pendant les partiels. Il n'est pas sans dire que la grande majorité des étudiants ont vu leurs résultats rester au même niveau, voire baisser à cause de la difficulté supplémentaire (frôlant l'impossibilité parfois) des examens à distance, tels que les fameux QCM de 60 questions en 20 minutes, laissant 20 secondes pour répondre à des questions de plusieurs lignes. Nous avons reçu de nombreux témoignages en ce sens. Néanmoins, le plus dur pour notre association a été de soutenir moralement les étudiants pendant des périodes tellement compliquées que certains pensaient au pire. Nous ne sommes pas des professionnels de santé, nous faisons de notre mieux pour les aider et les accompagner autant que faire se peut, nous n'hésitons pas à les rediriger vers des organismes prévus à cet effet lorsque nous jugeons la situation trop grave.

La rentrée de janvier 2022, pour beaucoup, n'a pas encore eu lieu. La reprise en janvier est en général dédiée aux examens du semestre passé. Il n'aura échappé à personne que le ministère a communiqué très tardivement sur les modalités de reprise et de conditions de passage des examens alors que nous voyions le nombre de cas de Covid augmenter chaque jour et que nous (étudiants comme certains enseignants) étions dans l'attente de précisions sur la conduite à tenir compte tenu de la situation sanitaire.

Nous étions dans l'incertitude la plus totale. Néanmoins, le ministère a préféré faire le mort durant une dizaine de jours avant d'annoncer le 29 décembre que les partiels pouvaient se tenir en présentiel, selon le bon vouloir des UFR.

Si on devait faire passer un message au gouvernement, ce serait : « Cela fait bientôt deux ans que les étudiants ont besoin de vous, nous sommes l'avenir de la Nation, aidez-nous à nous relever. »

Notre association

Human Rights'Pro est une association créée le 30 juillet 2022. Il s'agit d'une vision qui est née du souci de promouvoir les textes juridiques relatifs aux droits humains à tout type de public. Nous avons constaté qu'en France, l'ignorance des droits humains est souvent la conséquence de violation de plusieurs droits reconnus et proclamés dans les textes nationaux tant qu'internationaux. Ainsi, il est essentiel d'animer des ateliers de sensibilisation aux droits humains afin de permettre aux étudiants, personnes défavorisées et professionnels d'être proactifs dans la défense de leurs droits. Human Rights'Pro a pour principale innovation : l'utilisation des illustrations dans toutes ses activités de sensibilisation.

ANNEXES

Déclaration universelle des droits de l'homme

Le 10 décembre 1948, les 58 États membres qui constituaient alors l'Assemblée générale ont adopté la Déclaration universelle des droits de l'homme à Paris au Palais de Chaillot (résolution 217A (III)).

Préambule

Considérant que la reconnaissance de la dignité inhérente à tous les membres de la famille humaine et de leurs droits égaux et inaliénables constitue le fondement de la liberté, de la justice et de la paix dans le monde.

Considérant que la méconnaissance et le mépris des droits de l'homme ont conduit à des actes de barbarie qui révoltent la conscience de l'humanité et que l'avènement d'un monde où les êtres humains seront libres de parler et de croire, libérés de la terreur et de la misère, a été proclamé comme la plus haute aspiration de l'homme.

Considérant qu'il est essentiel que les droits de l'homme soient protégés par un régime de droit pour que l'homme ne soit pas contraint, en suprême recours, à la révolte contre la tyrannie et l'oppression.

Considérant qu'il est essentiel d'encourager le développement de relations amicales entre nations.

Considérant que dans la Charte les peuples des Nations Unies ont proclamé à nouveau leur foi dans les droits fondamentaux de l'homme, dans la dignité et la valeur de la personne humaine, dans l'égalité des droits des hommes et des femmes, et qu'ils se sont déclarés résolus à favoriser le progrès social et à instaurer de meilleures conditions de vie dans une liberté plus grande.

Considérant que les États membres se sont engagés à assurer, en coopération avec l'Organisation des Nations Unies, le respect universel et effectif des droits de l'homme et des libertés fondamentales.

Considérant qu'une conception commune de ces droits et libertés est de la plus haute importance pour remplir pleinement cet engagement.

L'Assemblée générale proclame la présente Déclaration universelle des droits de l'homme comme l'idéal commun à atteindre par tous les peuples et toutes les nations afin que tous les individus et tous les organes de la société, ayant cette Déclaration constamment à l'esprit, s'efforcent, par l'enseignement et l'éducation, de développer le respect de ces droits et libertés et d'en assurer, par des mesures progressives d'ordre national et international, la reconnaissance et l'application universelles et effectives, tant parmi les populations des États membres eux-mêmes que parmi celles des territoires placés sous leur juridiction.

Article premier

Tous les êtres humains naissent libres et égaux en dignité et en droits. Ils sont doués de raison et de conscience et doivent agir les uns envers les autres dans un esprit de fraternité.

Article 2

1. Chacun peut se prévaloir de tous les droits et de toutes les libertés proclamées dans la présente Déclaration, sans distinction aucune, notamment de race, de couleur, de sexe, de langue, de religion, d'opinion politique ou de toute autre opinion, d'origine nationale ou sociale, de fortune, de naissance ou de toute autre situation.

2. De plus, il ne sera fait aucune distinction fondée sur le statut politique, juridique ou international du pays ou du territoire dont une personne est ressortissante, que ce pays ou territoire soit indépendant, sous tutelle, non autonome ou soumis à une limitation quelconque de souveraineté.

Article 3

Tout individu a droit à la vie, à la liberté et à la sûreté de sa personne.

Article 4

Nul ne sera tenu en esclavage ni en servitude ; l'esclavage et la traite des esclaves sont interdits sous toutes leurs formes.

Article 5

Nul ne sera soumis à la torture, ni à des peines ou traitements cruels, inhumains ou dégradants.

Article 6

Chacun a le droit à la reconnaissance en tous lieux de sa personnalité juridique.

Article 7

Tous sont égaux devant la loi et ont droit sans distinction à une égale protection de la loi. Tous ont droit à une protection égale contre toute discrimination qui violerait la présente Déclaration et contre toute provocation à une telle discrimination.

Article 8

Toute personne a droit à un recours effectif devant les juridictions nationales compétentes contre les actes violant les droits fondamentaux qui lui sont reconnus par la constitution ou par la loi.

Article 9

Nul ne peut être arbitrairement arrêté, détenu ou exilé.

Article 10

Toute personne a droit, en pleine égalité, à ce que sa cause soit entendue équitablement et publiquement par un tribunal indépendant et impartial, qui décidera, soit de ses droits et obligations, soit du bien-fondé de toute accusation en matière pénale dirigée contre elle.

Article 11

1. Toute personne accusée d'un acte délictueux est présumée innocente jusqu'à ce que sa culpabilité ait été légalement établie au cours d'un procès public où toutes les garanties nécessaires à sa défense lui auront été assurées.

2. Nul ne sera condamné pour des actions ou omissions qui, au moment où elles ont été commises, ne constituaient pas un acte délictueux d'après le droit national ou international. De même, il ne sera infligé aucune peine plus forte que celle qui était applicable au moment où l'acte délictueux a été commis.

Article 12

Nul ne sera l'objet d'immixtions arbitraires dans sa vie privée, sa famille, son domicile ou sa correspondance, ni d'atteintes à son honneur et à sa réputation. Toute personne a droit à la protection de la loi contre de telles immixtions ou de telles atteintes.

Article 13

1. Toute personne a le droit de circuler librement et de choisir sa résidence à l'intérieur d'un État.

2. Toute personne a le droit de quitter tout pays, y compris le sien, et de revenir dans son pays.

Article 14

1. Devant la persécution, toute personne a le droit de chercher asile et de bénéficier de l'asile en d'autres pays.

2. Ce droit ne peut être invoqué dans le cas de poursuites réellement fondées sur un crime de droit commun ou sur des agissements contraires aux buts et aux principes des Nations Unies.

Article 15

1. Tout individu a droit à une nationalité.

2. Nul ne peut être arbitrairement privé de sa nationalité, ni du droit de changer de nationalité.

Article 16

1. À partir de l'âge nubile, l'homme et la femme, sans aucune restriction quant à la race, la nationalité ou la religion, ont le droit de se marier et de fonder une famille. Ils ont des droits égaux au regard du mariage, durant le mariage et lors de sa dissolution.

2. Le mariage ne peut être conclu qu'avec le libre et plein consentement des futurs époux.

3. La famille est l'élément naturel et fondamental de la société et a droit à la protection de la société et de l'État.

Article 17

1. Toute personne, aussi bien seule qu'en collectivité, a droit à la propriété.

2. Nul ne peut être arbitrairement privé de sa propriété.

Article 18

Toute personne a droit à la liberté de pensée, de conscience et de religion ; ce droit implique la liberté de changer de religion ou de conviction ainsi que la liberté de manifester sa religion ou sa conviction seule ou en commun, tant en public qu'en privé, par l'enseignement, les pratiques, le culte et l'accomplissement des rites.

Article 19

Tout individu a droit à la liberté d'opinion et d'expression, ce qui implique le droit de ne pas être inquiété pour ses opinions et celui de chercher, de recevoir et de répandre, sans considérations de frontières, les informations et les idées par quelque moyen d'expression que ce soit.

Article 20

1. Toute personne a droit à la liberté de réunion et d'association pacifiques.

2. Nul ne peut être obligé de faire partie d'une association.

Article 21

1. Toute personne a le droit de prendre part à la direction des affaires publiques de son pays, soit directement, soit par l'intermédiaire de représentants librement choisis.

2. Toute personne a droit à accéder, dans des conditions d'égalité, aux fonctions publiques de son pays.

3. La volonté du peuple est le fondement de l'autorité des pouvoirs publics ; cette volonté doit s'exprimer par des élections honnêtes qui doivent avoir lieu périodiquement, au suffrage universel égal et au vote secret ou suivant une procédure équivalente assurant la liberté du vote.

Article 22

Toute personne, en tant que membre de la société, a droit à la sécurité sociale ; elle est fondée à obtenir la satisfaction des droits économiques, sociaux et culturels indispensables à sa dignité et au libre développement de sa personnalité, grâce à l'effort national et à la coopération internationale, compte tenu de l'organisation et des ressources de chaque pays.

Article 23

1. Toute personne a droit au travail, au libre choix de son travail, à des conditions équitables et satisfaisantes de travail et à la protection contre le chômage.

2. Tous ont droit, sans aucune discrimination, à un salaire égal pour un travail égal.

3. Quiconque travaille a droit à une rémunération équitable et satisfaisante lui assurant ainsi qu'à sa famille une existence conforme à la dignité humaine et complétée, s'il y a lieu, par tous autres moyens de protection sociale.

4. Toute personne a le droit de fonder avec d'autres des syndicats et de s'affilier à des syndicats pour la défense de ses intérêts.

Article 24

Toute personne a droit au repos et aux loisirs et notamment à une limitation raisonnable de la durée du travail et à des congés payés périodiques.

Article 25

1. Toute personne a droit à un niveau de vie suffisant pour assurer sa santé, son bien-être et ceux de sa famille, notamment pour l'alimentation, l'habillement, le logement, les soins médicaux ainsi que pour les services sociaux nécessaires ; elle a droit à la sécurité en cas de chômage, de maladie, d'invalidité, de veuvage, de vieillesse ou dans les autres cas de perte de ses moyens de subsistance par suite de circonstances indépendantes de sa volonté.

2. La maternité et l'enfance ont droit à une aide et à une assistance spéciale. Tous les enfants, qu'ils soient nés dans le mariage ou hors mariage, jouissent de la même protection sociale.

Article 26

1. Toute personne a droit à l'éducation. L'éducation doit être gratuite, au moins en ce qui concerne l'enseignement élémentaire et fondamental. L'enseignement élémentaire est obligatoire. L'enseignement technique et professionnel doit être généralisé ; l'accès aux études supérieures doit être ouvert en pleine égalité à tous en fonction de leur mérite.

2. L'éducation doit viser au plein épanouissement de la personnalité humaine et au renforcement du respect des droits de l'homme et des libertés fondamentales. Elle doit favoriser la compréhension, la tolérance et l'amitié entre toutes les nations et tous les groupes raciaux ou religieux, ainsi que le développement des activités des Nations Unies pour le maintien de la paix.

3. Les parents ont, par priorité, le droit de choisir le genre d'éducation à donner à leurs enfants.

Article 27

1. Toute personne a le droit de prendre part librement à la vie culturelle de la communauté, de jouir des arts et de participer au progrès scientifique et aux bienfaits qui en résultent.

2. Chacun a droit à la protection des intérêts moraux et matériels découlant de toute production scientifique, littéraire ou artistique dont il est l'auteur.

Article 28

Toute personne a droit à ce que règne, sur le plan social et sur le plan international, un ordre tel que les droits et libertés énoncés dans la présente Déclaration puissent y trouver plein effet.

Article 29

1. L'individu a des devoirs envers la communauté dans laquelle seul le libre et plein développement de sa personnalité est possible.

2. Dans l'exercice de ses droits et dans la jouissance de ses libertés, chacun n'est soumis qu'aux limitations établies par la loi exclusivement en vue d'assurer la reconnaissance et le respect des droits et libertés d'autrui et afin de satisfaire aux justes exigences de la morale, de l'ordre public et du bien-être général dans une société démocratique.

3. Ces droits et libertés ne pourront, en aucun cas, s'exercer contrairement aux buts et aux principes des Nations Unies.

Article 30

Aucune disposition de la présente Déclaration ne peut être interprétée comme impliquant pour un État, un groupement ou un individu un droit quelconque de se livrer à une activité ou d'accomplir un acte visant à la destruction des droits et libertés qui y sont énoncés.

Source : https://www.un.org/fr/universal-declaration-human-rights/

organisation juridictionnelle française
ordre judiciaire
Tribunal des conflits
ordre administratif
Juridictions pénales
Juridictions civiles
Cour de cassation
Conseil d'État
2ème degré
Cour administrative d'appel
1er degré
Tribunal administratif
Chambre criminelle
Chambres civiles
Chambre commerciale
Chambre sociale
Cour d'assises d'appel
Chambres des appels correctionnels
Cour d'appel
Tribunal judiciaire
Tribunal de commerce
Conseil de prud'hommes
Cour d'assises (crime)
Tribunal correctionnel (délit)
Tribunal de police (contraventions)

BIBLIOGRAPHIE

ARTICLES ET OUVRAGES

1. Gueldich, H., Cours de droits de l'homme, Université de Carthage, Faculté des sciences juridiques, politiques et sociales, République tunisienne, 3ème année, année universitaire 2018-2019.
2. GUYOMAR., M et al., Contentieux administratif, Dalloz, 6ème édition, Paris, 2021.
3. PAUVERT, B., LATOUR, X., Libertés publiques et droits fondamentaux, 5ème édition, Studyrama, Levallois-Perret, 2014.
4. SEGUIN, D., Guide du contentieux du droit des étrangers, LexisNexis, Paris, 2020.
5. Cour européenne des droits de l'homme, Guide sur l'article 2 du Protocole n° 1 – Droit à l'instruction, mise à jour du 30 avril 2022.

TEXTES JURIDIQUES

1. Constitution du 4 octobre 1958
2. Code de l'entrée et du séjour des étrangers et du droit d'asile
3. Code pénal du 1er mars 1994
4. Code de la sécurité sociale
5. Code des relations entre le public et l'administration

6. Convention européenne de sauvegarde des droits de l'homme et des libertés fondamentales du 4 novembre 1950
7. Code de justice administrative
8. Loi du 29 mars 2011 relative au défenseur des droits
9. Loi n° 2010-1192 du 11 octobre 2010 interdisant la dissimulation du visage dans l'espace public
10. Protocole relatif à l'accord franco-algérien du 27 décembre 1968

WEBOGRAPHIE

1. https://www.vie-publique.fr/fiches/23866-quels-sont-les-differents-types-de-droits-des-citoyens#:~:text=Les%20droits-libert%C3%A9s%20(droits%20de,possibilit%C3%A9%20d'agir%20sans%20soumission

2. https://www.vie-publique.fr/fiches/23866-quels-sont-les-differents-types-de-droits-des citoyens# : ~:text=Les%20droits%2Dcr%C3%A9ances%20(droits%20de%20seconde%20g%C3%A9n%C3%A9ration)&text=Il% 20s'agit%20de%20droits,Constitution%20du%2027%20octobre%201946.

3. https://www.gazette-du-palais.fr/actualites-professionnelles/acces-au-droit-et-a-la-justice-ce-quen-pensent-les-francais/

4. https://www.larep.fr/orleans-45000/actualites/un-etudiant-en-droit-denonce-la-notation-de-l-

universite-et-obtient-gain-de-cause-au-tribunal-d-orleans_13993815/

5. https://www.larousse.fr/dictionnaires/français/citoyen/16241

6. https://www.enseignementsup-recherche.gouv.fr/fr/les-etudiants-inscrits-dans-les-universites-francaises-en-2020-2021 82 342 # : ~ :text=En%202020%2D2021%2C%201%20650,%C3%A9l%C3%A8ve%20%C3%A0%201%2069 6%20000

7. https://www.legifrance.gouv.fr/jorf/id/JORFTEXT000043466864

8. http://www.buquet-avocat.fr/refus-renouvellement-titre-de-sejour-etudiant-annulation/

9. https://www.gouvernement.fr/qu-est-ce-que-la-laïcité

10. https://www.trouvermonmaster.gouv.fr/saisir-le-recteur

11. https://www.larep.fr/orleans-45000/actualites/un-etudiant-en-droit-denonce-la-notation-de-l-universite-et-obtient-gain-de-cause-au-tribunal-d-orleans_13993815/

12. https://mafr.fr/fr/article/conseil-dÉtat-25/

13. https://juricaf.org/arret/FRANCE-COURADMINISTRATIVEDAPPELDEBORDEAUX-20190716-17BX03557
14. https://www.dictionnaire-juridique.com/definition/ressort.php#:~:text=D%C3%A9finition%20de%20Ressort&text=Le%20mot%20d%C3%A9signe%20d'une,prononce%20sont%20susceptibles%20d'appel

15. http://paris.tribunal-administratif.fr/Demarches-procedures/L-avocat-et-l-aide-juridictionnelle/Dans-quelles-situations-le-recours-a-un-avocat-est-il-obligatoire

16. https://www.vie-publique.fr/fiches/269229-les-competences-juridictionnelles-des-tribunauxadministratifs#:~:text=Le%20tribunal%20administratif%20territorialement%20comp%C3%A9tent%20est%20celui%20dans%20le%20ressort,n%C3%A9s%20de%20d%C3%A9cisions%20des%20ministres

17. https://www.youtube.com/watch?v=FxfCnu2m6nw

18. https://www.vie-publique.fr/fiches/38297-arrets-de-la-cedh-quelles-consequences-sur-la-justice-francaise

REMERCIEMENTS

Maître Nabil BOUDIL
Maître Raoul NGEBAS
L'association Étudiants en confinement
L'Association humans rights Pro
Siham DJEMAH, juriste CIDFF
Vanessa KAMINSKI, institut de l'engagement
Manon BOSCHER
Josnie NGALA
Richard ETOUNDI
Maryse ALBINI
Richard MONSEMBULA
Manon AMINATOU

Table des matières